CB071073

Copyright © 2012, Editora WMF Martins Fontes Ltda.,
São Paulo, para a presente edição.

1.ª edição 2012

Tradução
Eunice Ostrensky
Acompanhamento editorial
Luzia Aparecida dos Santos
Revisões gráficas
Ana Maria de O. M. Barbosa
Renato da Rocha Carlos
Edição de arte
Casa Rex
Produção gráfica
Geraldo Alves
Paginação
Casa Rex
Capa
Casa Rex

Dados Internacionais de Catalogação na Publicação (CIP)
(Câmara Brasileira do Livro, SP, Brasil)

Locke
    Prazer, dor, as paixões / Locke ; fotos Elisete Borim ; tradução Eunice Ostrensky. – São Paulo : Editora WMF Martins Fontes, 2012. – (Coleção ideias vivas / idealizada e coordenada por Gustavo Piqueira).

    ISBN 978-85-7827-560-0

    1. Ensaios políticos I. Piqueira, Gustavo. II. Borim, Elisete. III. Título. IV. Série.

12-03026   CDD-320

Índices para catálogo sistemático:
1. Ensaios políticos   320

Todos os direitos desta edição reservados à
Editora WMF Martins Fontes Ltda.
Rua Prof. Laerte Ramos de Carvalho, 133 01325.030 São Paulo SP Brasil
Tel. (11) 3293.8150 Fax (11) 3101.1042
e-mail: info@wmfmartinsfontes.com.br http://www.wmfmartinsfontes.com.br

coleção idealizada e coordenada por **Gustavo Piqueira**

LOCKE Prazer, dor, as paixões
fotos **Elisete Borim**
tradução **Eunice Ostrensky**

wmf **martinsfontes**
são paulo 2012

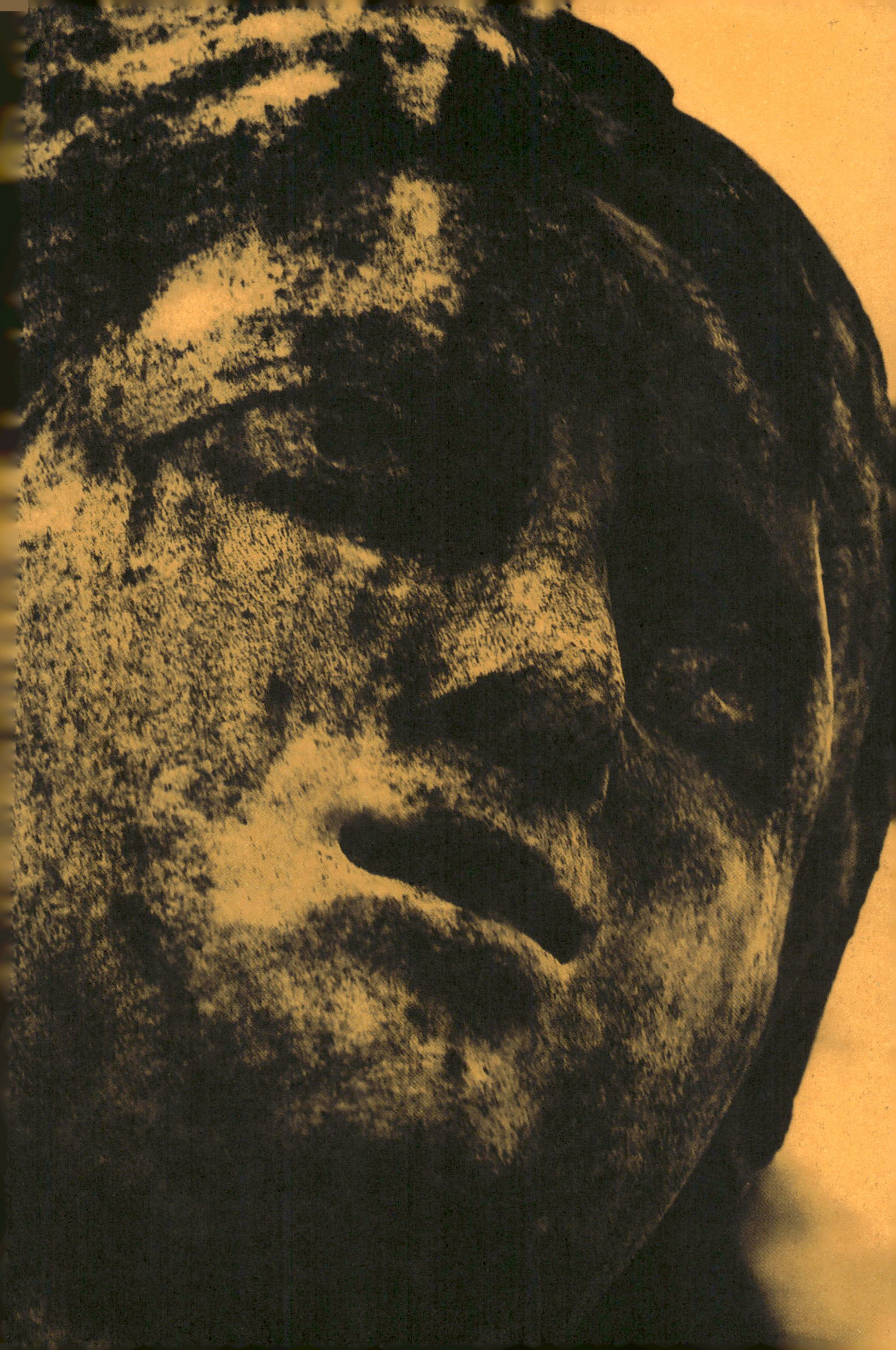

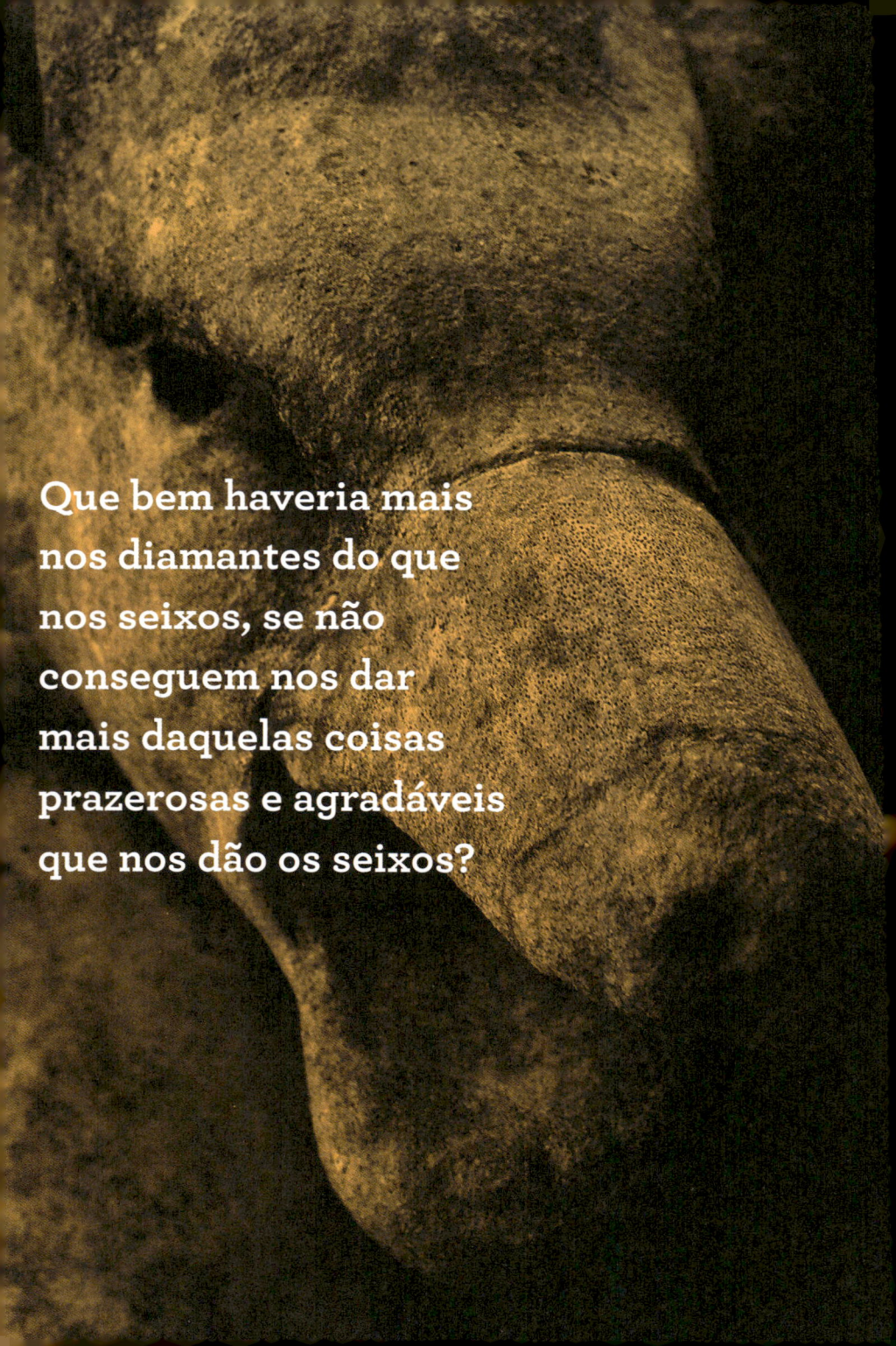

Que bem haveria mais
nos diamantes do que
nos seixos, se não
conseguem nos dar
mais daquelas coisas
prazerosas e agradáveis
que nos dão os seixos?

Prazer, dor, as paixões

Por *voluptas e dolor*, prazer e dor, entendo principalmente os da mente. Há dois fundamentos dos quais resultam todas as paixões e um centro para o qual todas elas se voltam. Se fossem removidos, as paixões todas cessariam, já que nada mais haveria para revigorá-las ou fazê-las continuar. Portanto, para conhecermos nossas paixões e termos ideias corretas delas, temos de considerar prazer e dor e todas as coisas que os produzem em nós, como operam e nos movem.

  Deus formou [de tal maneira] as constituições de nossas mentes e corpos que várias coisas tendem a produzir neles prazer e dor, deleite e perturbação, por vias que desconhecemos, mas para fins adequados a Sua bondade e sabedoria. É desse modo que o perfume de rosas e o sabor do vinho, luz e liberdade, a posse de poder e aquisição de conhecimento agradam à maioria dos homens, e existem certas coisas cuja mera presença e existência encantam outras pessoas, como crianças e avós. Assim, quando algo se oferece ao entendimento que seja capaz de produzir prazer, aí então produzirá constante e imediatamente amor, que não parece ser outra coisa senão o fato de se considerar ou ter em mente a ideia de algo que é capaz, segundo certo modo de aplicação, de produzir deleite ou prazer em nós. É verdade que acompanha esse pensamento, bem como todas as outras paixões, um movimento específico do sangue e dos espíritos. Mas, como nem sempre é observado, nem constitui um ingrediente necessário da ideia de qualquer paixão, não é preciso investigá-lo neste lugar, onde estamos apenas buscando as ideias das paixões. Amar, então, nada mais é do que ter em nossa mente a ideia de algo que consideramos capaz de produzir satisfação ou deleite em nós, pois o que mais um homem quer dizer quando afirma amar rosas, vinho ou conhecimento, a não ser que o perfume de rosas, o sabor do vinho e o conhecimento o deleitam ou produzem prazer nele, o mesmo valendo para todas as outras coisas? Com efeito, porque o homem considera não poder obter a coisa específica que o encanta sem a conservação de várias outras anexadas a ela ou que contribuem para produzi-la, afirma-se que ele as ama quando ele as deseja e se empenha em preservá-las. Assim, afirma-se que os homens amam as árvores produtoras das frutas que os deliciam, e por isso frequentemente amam os amigos cujos bons serviços ou a conversação os deliciam, procurando e desejando seu bem, de modo que assim conservem para si as coisas nas quais têm prazer. Embora a isso chamemos amor aos amigos, não é verdadeiramente amor a suas pessoas, mas um cuidado de conservar com suas pessoas e amizades as coisas boas que de fato amam e não podem ter sem eles. De fato, é frequente vermos, quando os bons serviços cessam, o amor à pessoa frequentemente morrer e às vezes se transformar em ódio, o que não acontece com nosso amor por nossos filhos, porque a natureza, segundo fins sábios que lhe são próprios, nos fez de tal modo que nos deleitamos com a mera existência de nossos filhos. Algumas mentes sábias são de constituição mais sábia, encontrando prazer na mera existência e felicidade dos amigos; alguns de feitio até mais excelente [se] deleitam com a existência e felicidade de todos os homens de bem e alguns outros ainda, com o de toda a humanidade em geral, podendo-se dizer destes últimos que eles, sim, amam propriamente. Outros, com seu *amor concupiscentiae* [apetite sexual], são apenas providentes, de modo que neste e, creio eu, em todos os outros exemplos se verá que o amor surge e se amplia apenas a partir de objetos de prazer e se resume a termos em nossas mentes a ideia de algo tão adequado a nosso feitio e temperamento particular que é próprio a produzir prazer em nós. Isso nos fornece a razão pela qual o amor, a principal e primeira [de] todas as paixões, é a mais indócil entre todas as demais e aquela a ser representada como cega. Desejo e esperança, embora seus objetos próprios e últimos sejam idênticos aos do amor, podem ser, contudo, convencidos pela razão e pela consideração a decidir-se por coisas dolorosas e perturbadoras que possam ser meios para um outro fim. Ora, podemos falar, raciocinar e considerar quanto quisermos, porque o amor não se move até nos propormos algo que é em si mesmo delicioso. Muitos desejaram extrair um membro, e em alguns casos desejaram e esperaram as dores, como no parto, mas acho que ninguém jamais se apaixonou por eles. O amor se decide apenas por um fim e nunca acolhe um objeto que seja tão só vantajoso a algum outro propósito. Não poderia ser de outro modo, já que se trata de uma afinidade da mente e nada mais é do que a união da mente com a ideia de algo que possui a secreta faculdade de a encantar. Toda vez que tal ideia está na mente e lá é considerada como tal é que exercemos propriamente a paixão do amor.

    O ódio coloca-se diretamente em oposição ao amor, e por isso não é preciso muito esforço para descobrir que não passa da presença de uma ideia na mente considerada naturalmente disposta a nos adoecer e exasperar, possuindo o mesmo efeito que o amor [possui]. Pois, quando não é possível separar aquilo que nos perturba da coisa em que está, o ódio frequentemente nos leva a desejar e a procurar a destruição da coisa, assim como o amor nos leva, pela mesma razão, a desejar e procurar sua conservação. Mas essa paixão do ódio costuma nos levar mais longe e com mais violência do que a do amor, porque o senso de mal ou de dor atua mais sobre nós do que o de bem ou prazer. Suportamos a ausência de um grande prazer mais facilmente do que a presença de um pouco de dor. Falta de sensação não é o meio entre prazer e dor; coloca-se a insensibilidade que não seja perpétua no lado melhor: jamais nos queixamos do sono, que sempre nos furta a sensação de nossos gozos, mas o tomamos por prazer, quando faz cessar qualquer uma de nossas dores.

O prazer e a dor de que tanto falo aqui são principalmente os da mente, pois as impressões produzidas no corpo, se não alcançam a mente, não produzem dor nem prazer. É quando a mente se deleita ou se perturba que temos dor ou prazer. Sejam quais forem os movimentos produzidos no corpo por algum grau de calor que cause prazer por sua aplicação numa mão moderadamente fria, causarão grande dor ao serem aplicados ao mesmo tempo na outra mão enregelada pela neve. Quando sobrevém ao mesmo tempo uma súbita ocasião de grande alegria ou aflição, não se sente nenhuma delas. O prazer ou a dor provenientes do corpo quase se perdem totalmente e perecem tão logo a mente deixe de ser afetada por eles ou de prestar atenção neles.

Esse prazer e dor, *dolor* e *voluptas animi*, distintos por vários graus e outras circunstâncias, isto é, transfor-

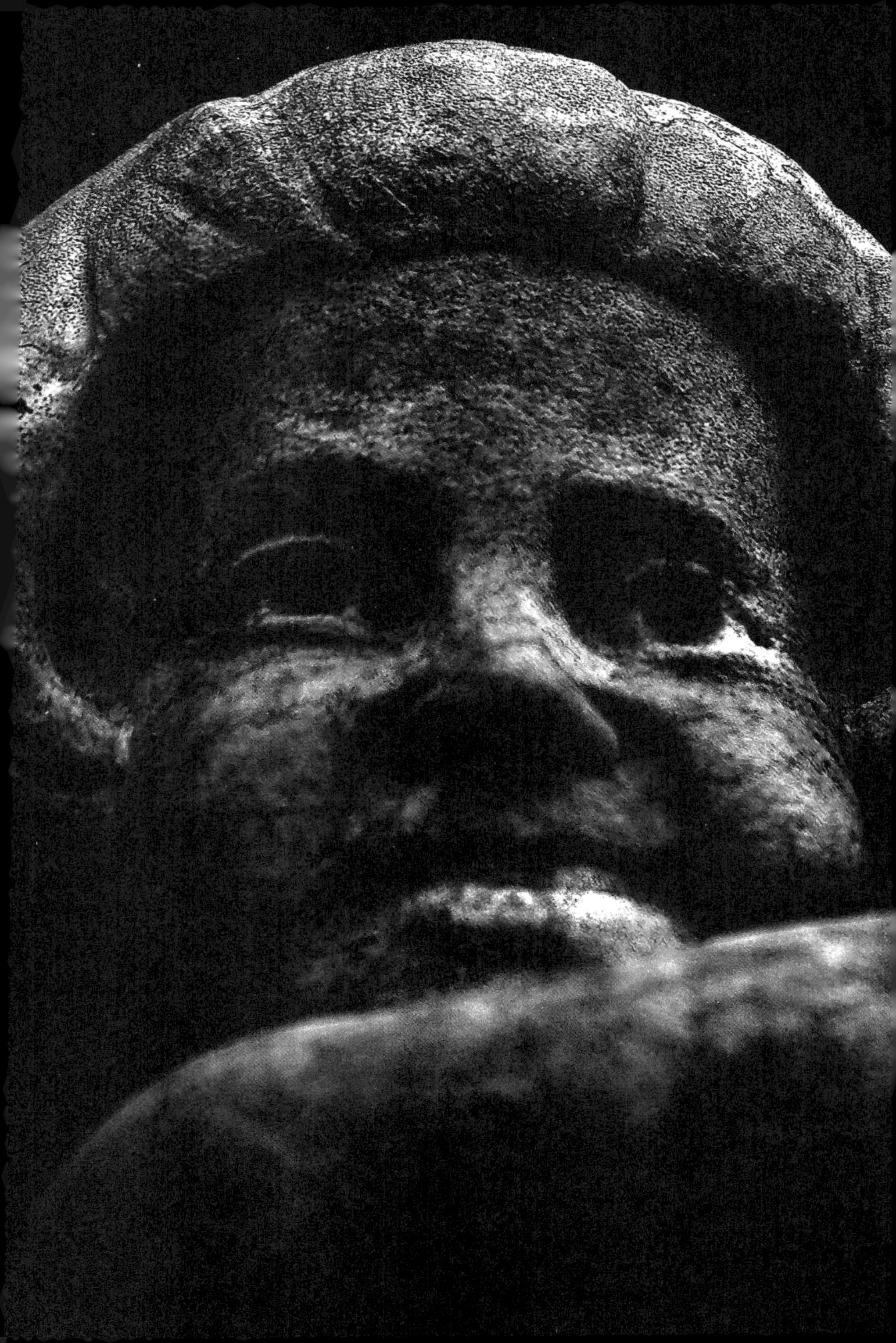

mados em várias ideias complexas, vêm a ter vários nomes; alguns desses nomes, que permitem mostrar essas duas ideias simples com um pouco mais de clareza, não podem deixar de ser mencionados. Por exemplo, uma dor da mente, quando resulta da longa continuação de algo, chama-se cansaço; quando resulta de uma causa pequena, da qual a mente esteja muito consciente, aborrecimento; quando resulta de alguma coisa que é passada, mágoa; quando resulta da perda de um amigo, pesar; quando de uma dor violenta do corpo, tormento; quando impede o discurso e a convivência, melancolia; quando acompanhada de uma grande fraqueza, preocupação; quando muito violenta, angústia; quando é o máximo que podemos conceber sem nenhuma mistura de conforto, miséria. Há várias outras diferenças em relação a essa ideia desagradável à mente e mais nomes para distingui-la do que há de prazeres, não só por estarmos mais conscientes da dor do que do prazer, como ainda por estarmos, neste mundo, mais acostumados àquela do que a este. Por outro lado, esse prazer da mente, quando resulta de causas brandas, especialmente no convívio, chama-se contentamento; quando resulta da presença de objetos sensíveis agradáveis, deleite; quando resulta da consideração de algum grande e sólido bem, alegria; quando [de] alguma mágoa passada que se elimine, conforto; e, quando perfeita e livre de todo incômodo, felicidade. Por isso, felicidade e miséria parecem-me consistir totalmente nesse prazer e dor da mente, dos quais cada pequeno problema ou satisfação constitui graus, e a conclusão de cada um deles se dá quando a mente, no mais alto grau e no máximo de sua capacidade, fica repleta e possuída por ideias de cada uma dessas espécies.

Assim vemos que das ideias simples de dor e prazer encontradas em nossas mentes, quando ampliadas e aumentadas, obtemos as ideias de felicidade e miséria, pois tudo o que faça parte de nossa felicidade ou miséria, aquilo que produz em nós algum prazer ou dor, é bom até esse momento propriamente e em sua própria natureza, e tudo o que sirva de algum modo para nos conseguir algo da felicidade é também bom, embora o primeiro seja o chamado *bonun jucundum* [o bem prazeroso], que não deve ser entendido apenas com relação ao corpo, mas, na medida em que empregamos o nome "prazer", como algo pertencente principalmente à mente. E no último estão compreendidas duas outras espécies de bem, chamadas *utile* [útil] e *honestum* [honesto], as quais, não houvessem sido ordenadas por Deus para alcançar o *jucundum* [prazer] e servir como meio para nos ajudar a ter felicidade, ao menos em algum grau, não vejo como poderiam ser consideradas boas. Que bem haveria mais nos diamantes do que nos seixos, se não conseguem nos dar mais daquelas coisas prazerosas e agradáveis que nos dão os seixos? O que torna a temperança um bem e a glutonia um mal, a não ser que um serve para nos dar saúde e tranquilidade neste mundo e felicidade no outro, enquanto a glutonia faz exatamente o contrário? Para alguns, o arrependimento e o pesar conteriam um bem muito pequeno, se não fossem meios e modos de alcançar nossa felicidade.

Se não estivesse além de nosso presente propósito, poderíamos aqui observar que não possuímos ideias claras e distintas de prazer, salvo as que sentimos em nós mesmos. A imaginação de mais pleno e maior ocorre apenas por similitude e semelhança com aquelas que experimentamos, e por isso são confusas e obscuras, não sendo capazes de conceber claramente o prazer que objetos desconhecidos produzem em nós (para quem não possui

Jamais nos queixamos do sono, que sempre nos furta a sensação de nossos gozos, mas o tomamos por prazer, quando faz cessar qualquer uma de nossas dores.

a experiência, o prazer que há em provar abacaxi ou ter filhos é muito difícil de imaginar). Muito mais inconcebíveis são os prazeres de objetos espirituais (que certamente, por serem mais proporcionais à natureza da mente, são mais capazes de a tocar e mover com adoráveis e arrebatadores deleites). Imersos no corpo e cercados de objetos materiais, quando estes nos estão continuamente importunando, temos pouca sensação ou percepção das coisas espirituais, que estão distantes, por assim dizer, e nos afetam apenas raramente. É por isso, segundo creio, que nossa ideia de felicidade, conforme desfrutam os abençoados e conforme somos capazes, é extremamente imperfeita neste mundo, e no entanto, assim como é, nos deixa inescusáveis e sob estigma e condenação da maior loucura, se não empreendemos os maiores cuidados e esforços para obtê-la. Mas isso *in transitu* [de passagem].

Retornemos a nossas ideias das paixões. A mente, encontrando em si mesma as ideias de vários objetos que, se desfrutados, produziriam prazer, isto é, ideias de várias coisas que ela ama, contemplando a satisfação que surgiria para si mesma no desfrute real ou na aplicação de algumas dessas coisas que ama e a possibilidade ou exequibilidade do desfrute presente, ou fazendo algo para obter o desfrute desse bem, observa em si algum desassossego, perturbação ou desprazer até que isso seja feito, e é a isso que chamamos desejo, de modo que desejo me parece a dor em que a mente se encontra até alcançar algum bem, seja *jucundum* ou *utile*, que julgue possível e oportuno.

Para se ter uma ideia mais clara dessa paixão, não é errado pensar que o desejo é de extensão muito menor do que o amor, pois o amor, sendo apenas a consideração de algo como delicioso ou capaz de produzir prazer em nós, compreende de uma só vez tudo o que assim parece ser, seja próximo ou remoto, alcançável ou não. Mas o desejo, culminando no desfrute, não se move além daquilo que é capaz de desfrute presente ou possa apresentar um meio para isso.

Também o desejo, que, como afirmei, é tão só uma dor que a mente sofre na ausência de algum bem, aumenta e se torna variado por diversas considerações. Por exemplo, quando está na busca de um bem positivo, a primeira consideração que o instiga a agir ou pelo menos o apressa é a da possibilidade, pois temos pouco desejo por aquilo que de imediato concebemos impossível. É verdade: às vezes os homens desejam rosas no inverno e que suas filhas fossem filhos, e isso nada mais é senão dizer ou pensar que tais coisas, se fossem possíveis, poderiam agradá-los. Mas, quando as consideram impossíveis, o fato de não as ter deixa apenas um pequeno incômodo na mente, e portanto pouco desejo. No entanto, no desejo de suprimir algum mal presente se dá quase o oposto, pois então, como o mal causa uma dor constante, há um desejo constante de ficar apaziguado, quer se considere isso possível ou não. Assim é que poderíamos ver quanto o desejo consiste em dor.

Se a possibilidade suscita nosso desejo, a facilidade de obtenção é certamente um incentivo a mais para ele, coisa que podemos muito bem julgar pela ocasião em que se costumam obter tais coisas e pelo gozo de outras do mesmo bem. Assim, os homens, que só desejam saúde e força para os filhos quando crianças, desejam deles obediência e docilidade na juventude, e destreza ou conhecimento e promoções quando se acham crescidos.

Outra coisa que governa e regula nosso desejo é a grandeza ou pequenez do bem, que não é estimado meramente por si mesmo, ou conforme tenha naturalmente uma adequação para produzir prazer em nós, ou seja, um meio adequado em si mesmo para obtê-lo, mas na medida em que é compatível com outros gozos que tenhamos. Com efeito, o amor se estende universalmente a tudo o que aparente ser capaz de nos fazer bem, isto é, produzir prazer em nós, porque reside meramente na contemplação e assim pode se estender a coisas incompatíveis e inconsistentes: ter as ideias dos prazeres da companhia, convivência e diversão com pessoas de retiro, estudo e contemplação, e consequentemente amá-las de uma só vez, é tão fácil como ter imediatamente as ideias de branco e preto, que porém nunca ainda existiram, nem estão juntas no mesmo objeto. Mas, como o desejo se serve apenas do gozo real de algum bem que consista na real existência e aplicação, e não tolera contrariedades, é bastante regulado pelo acordo ou contrariedade que se conceba ter com outras coisas boas que gozamos ou desejamos.

As ideias simples que temos a partir da mente são pensamento, poder, prazer e dor. Do pensamento já falamos, e para compreendermos o que é a ideia de poder e como a obtemos será conveniente considerar um pouco a ação, que é sempre produto do poder. Parece-me existir, então, apenas duas espécies de ações no mundo, a saber: a que pertence e é peculiar à matéria ou ao corpo e que é movimento, e o pensamento, próprio unicamente da alma. Embora o movimento seja propriedade de um corpo, o corpo em si mesmo é indiferente ao movimento, de modo que aquele pode estar indistintamente em movimento ou em repouso, porém não pode se mover sozinho; por outro lado, embora o pensamento seja propriedade da alma, a alma é indiferente a pensar ou não pensar. Isso, digo, imagino, falando da alma e dos espíritos finitos, que, como o pensamento é sua ação, não é necessário conceber que estariam sempre em ação, *i.e.*, o pensar, nem que o corpo estaria sempre em movimento. Mas, seja como for, o certo é que a propriedade inerente e inseparável da alma é um poder de agir, *i.e.*, um poder de produzir alguns movimentos no corpo e alguns pensamentos na mente. Assim um homem descobre que pode se levantar de uma cadeira, onde estava sentado quieto, e andar, produzindo então um movimento que não existia antes. Pode também, quando quiser, estando na França, pensar na Inglaterra ou na Itália, na respiração, em jogar cartas, no sol, Júlio César, na fúria etc., e assim produzir em sua mente pensamentos que lá não estavam antes; desse modo e por essa experiência no interior de si, a mente obtém a ideia de poder. Admito que, num homem desperto, a mente nunca está sem pensamento, mas saber se o sono sem sonhos é uma afecção da mente ou do corpo pode ser algo que valha a pena ser investigado por alguém que considere difícil imaginar que a alma pense e não esteja consciente disso, e que será árduo dar uma razão por que a alma fora do corpo não pode se encontrar em estado de não perceber nenhuma ideia, totalmente insensível a qualquer prazer ou dor, do mesmo modo que no corpo. Mas, pondo de lado essa especulação e aquela outra, segundo a qual a afecção primária e inseparável do espírito não seria um poder assim como a da matéria é extensão, afirmo que uma das ideias simples obtidas pelo homem da observação quanto ao que passa dentro de si mesmo é a de poder, que, quando se exerce em consequência de algum pensamento, é designada por vontade. Isso nem sempre acontece, pois as várias noções em nosso sono e os primeiros pensamentos que temos quando acordamos, não sendo resultado de escolha ou deliberação, nem consequência de nenhum pensamento precedente, não podem ser atribuídos à vontade, nem classificados como voluntários. Por esses passos e essas observações de suas próprias operações internas é que a mente vem a ter as ideias de dor, prazer, pensamento, poder e vontade.

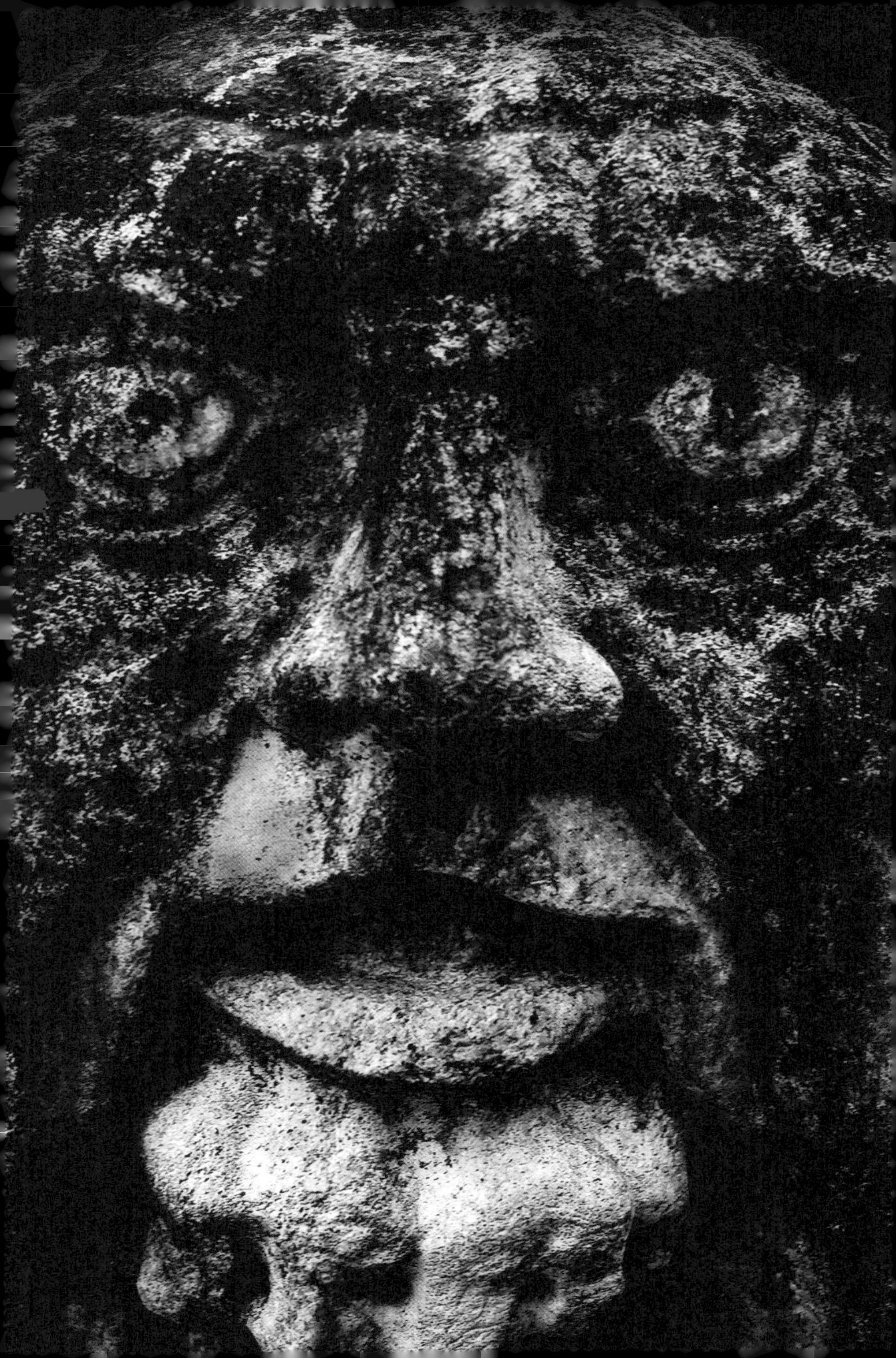

Felicidade A

Não existe no mundo algo que os homens busquem e sobre o que depositem grande valor que já não tenha sido exposto pela pena de um escritor ou outro. Não apenas os escritores cristãos, mas mesmo os filósofos pagãos já discursaram bastante e tornaram evidente a vaidade da honra, a vacuidade das riquezas e a sordidez, vergonha e insatisfação dos prazeres sensuais. Isso resulta não do onipotente engenho do homem, que pode converter em ridículo tudo o que quiser, e pela vestimenta e luz que confere às coisas as faz parecer belas ou feias a seu grado; resulta disto: em todas essas coisas há realmente uma deficiência ou lado escuro que quem tiver a habilidade de mostrar não deixará de produzir por ele desprezo ou desgosto. Estamos tão afastados da verdadeira e satisfatória felicidade neste mundo que nem sequer sabemos em que ela consiste, mas o tanto que dela apreendemos nos assegura que está além de tudo quanto as coisas imperfeitas podem nos fornecer. Assim é que ninguém jamais tentou escrever contra tal coisa, desacreditá-la ou criar na humanidade um desgosto por ela. Cada um está, por causa das fortes impressões que encontra em sua própria mente, convencido de que a felicidade é um estado que não possui nenhuma imperfeição, nem [é] suscetível de nenhuma exceção.

Entendimento

"*Acreditamos facilmente no que queremos.*" Q.: até que ponto e por que meios a vontade opera sobre o entendimento e assentimento?

Nossas mentes não foram criadas tão amplas como a verdade, nem são adequadas a toda a extensão das coisas que estão a seu alcance. A mente se defronta com muitas coisas demasiado grandes para sua compreensão, e não são poucas as que está resignada [acostumada] a abandonar como incompreensíveis. Encontra-se perdida na vasta extensão do espaço, e a menor partícula de matéria a confunde com uma divisibilidade inconcebível, e os que, por causa de um grande cuidado em não admitir coisas ininteligíveis, negam ou questionam um espírito eterno onisciente correm o risco de cair em dificuldades maiores ao supor a matéria eterna e inteligente. Mais ainda: nossas mentes, enquanto pensam e movem nossos corpos, acham que ultrapassa sua capacidade conceber como fazem uma coisa e outra. Esse estado de nossas mentes, por mais distante daquela perfeição da qual nós mesmos temos uma ideia, não deveria, entretanto, desencorajar nossos esforços na busca da verdade ou nos fazer pensar que somos incapazes de conhecer qualquer coisa, porque não podemos entender completamente todas as coisas. Veremos que saímos para o mundo dotados das faculdades que são adequadas para obter conhecimento, e conhecimento suficiente, se o confinarmos dentro daqueles propósitos e dirigi-lo para os fins que a constituição de nossa natureza e as circunstâncias de nosso ser nos indicarem. Se nos considerarmos a nós mesmos na condição em que estamos neste mundo, só poderemos observar que nos encontramos num estado cujas necessidades invocam um constante fornecimento de comida, bebida, roupa, de defesa contra o tempo e, muito frequentemente, defesa física, e nossas conveniências exigem ainda muito mais. Para fornecer essas coisas, a natureza nos provê somente de matérias que estão, na maioria, em estado bruto e inadequado para nossos usos. É preciso trabalho, arte e pensamento para adequá-los a nossas necessidades, e, se o conhecimento dos homens não houvesse encontrado maneiras de diminuir o trabalho e melhorar diversas coisas que não parecem à primeira vista úteis para nós, deveríamos gastar todo o nosso tempo a fazer uma escassa provisão para uma vida pobre e miserável. Temos um bom exemplo disso nos habitantes dessa ampla e fértil região do mundo, as Índias Ocidentais. Eles viviam uma vida laboriosa, pobre e desconfortável, [e] apesar de todo o seu engenho mal [eram] capazes de subsistir. Isso talvez somente se devesse ao fato de não conhecerem o uso daquela pedra da qual os habitantes do velho mundo tinham a habilidade de produzir ferro e com isso fazer para si mesmos utensílios necessários para desenvolver e melhorar todas as outras artes, nenhuma das quais pode subsistir bem, se é que pode subsistir, sem esse metal. Eis, então, um amplo campo de conhecimento adequado para o uso e benefício dos homens neste mundo, a saber, descobrir novas invenções de expedição para abreviar ou facilitar nossos esforços, ou empregar com sagacidade diversos agentes e pacientes para obter novos produtos benéficos, por meio dos quais nosso estoque de riquezas (isto é, as coisas úteis para os confortos de nossa vida) possa aumentar ou se conservar melhor. E para descobertas como essas a mente do homem está bem adaptada, ainda que talvez a essência das coisas, sua primeira origem, sua maneira secreta de operar e toda a extensão de seres corpóreos estejam tão além de nossa capacidade como estão de nosso uso, e não temos razão para nos queixar de que não conhecemos a natureza do sol ou das estrelas, de que a consideração da própria luz nos deixa no escuro, e milhares de outras especulações sobre a natureza, uma vez que, se as conhecêssemos, elas não trariam nenhuma vantagem sólida para nós, nem ajudariam a tornar nossas vidas mais felizes, sendo tão só o inútil emprego de cérebros ociosos ou excessivamente curiosos que se divertem com coisas das quais não podem extrair, em absoluto, nenhum benefício real. Por isso, se considerarmos o homem como ele é neste mundo, e que sua mente e faculdades lhe foram dadas para algum uso, deveremos necessariamente concluir que visam granjear-lhe a felicidade de que este mundo é capaz, a qual certamente não passa de uma abundância de todas as espécies de coisas que podem, com o máximo de facilidade, prazer e variedade, preservá-lo mais longamente nele. Assim, se a humanidade só tivesse preocupações com este mundo, se não tivesse nenhuma apreensão com a existência depois desta vida, os homens não precisariam ocupar suas cabeças com nada, exceto com a história da natureza e com uma investigação sobre as qualidades das coisas nesta mansão do universo que lhes cabe como quinhão, e, sendo bem versados no conhecimento das causas e efeitos materiais de coisas em seu poder, dirigindo seus pensamentos para o progresso dessas artes e invenções, com máquinas e utensílios que possam contribuir melhor para sua continuação nele com conforto e prazer. Eles poderiam muito bem se poupar o trabalho de olhar além – não precisam se preocupar ou se espantar com a origem, estrutura ou constituição do universo –, de reduzir esta grande máquina a sistemas de sua própria invenção e construir hipóteses obscuras, confusas e sem nenhuma outra utilidade, a não ser suscitar disputas e contínuas altercações. Pois que necessidade temos de nos queixar de nossa ignorância nas partes mais gerais e estranhas da natureza, quando todos os nossos negócios estão à mão? Por que deveríamos lamentar nossa falta de conhecimento nos apartamentos particulares do universo, quando nossa porção se encontra somente aqui neste canto da Terra, onde nós e todas as nossas preocupações estamos confinados? Por que deveríamos pensar que fomos maltratados por não sermos dotados de bússola e fio de prumo para navegar e sondar esse agitado e inavegável oceano da matéria, movimento e espaço universal, uma vez que, se há praias a limitar nossa viagem e jornada, pelo menos não existe para se trazer de lá nenhuma mercadoria aproveitável a nossos usos agora que melhorem nossa condição. Tampouco precisamos ficar desgostosos por não possuirmos conhecimento suficiente para descobrir se temos ou não algum vizinho nestes amplos volumes de matéria que vemos flutuando neste abismo, e de que espécies são, pois não podemos jamais ter nenhuma comunicação com eles, nem manter um comércio que possa resultar vantajoso para nós, de modo que, considerando [que] o homem, simplesmente como um animal de três ou quatros anos de duração que então chega ao fim de sua condição e estado, não exige outro conhecimento senão o capaz de fornecer-lhe as coisas que podem ajudá-lo a atravessar o final desse tempo com tranquilidade, segurança e prazer, que é toda a felicidade da qual ele é suscetível – e para alcançar uma dimensão adequada desse conhecimento a humanidade está suficientemente abastecida –, ele tem faculdades e órgãos bem adaptados a essas descobertas, se julgar adequado empregá-los e usá-los. Outro uso de seu conhecimento é viver em paz com seus semelhantes, e disso ele também é capaz.

Além de uma abundância das coisas boas deste mundo, com vida, saúde e paz para desfrutá-las, não conseguimos pensar em nenhuma outra preocupação do homem que não o conduza para fora dele e não o coloque além dos confins desta Terra, e parece provável que existe um estado melhor em algum outro lugar ao qual os homens poderiam chegar. De fato, quando ele tem tudo que este mundo pode proporcionar ou ele consigo mesmo neste mundo, ele ainda permanece insatisfeito, desconfortável e longe da felicidade. É certo, e com isso todos os homens devem consentir, que existe a possibilidade de outro estado quando esta cena acabar, e que a felicidade e a miséria dele dependem de ordenarmos a nós mesmos em nossas ações, nesse período de nossa prova aqui. O reconhecimento de que existe um Deus facilmente conduzirá qualquer um a isso, e Ele deixou tantos rastros, tantas provas de Sua existência em todas as criaturas, que elas bastam para convencer qualquer um que tão só faça esse uso de suas faculdades, e ouso dizer que ninguém escapa dessa convicção por falta de luz. Mas, se alguns forem tão cegos, é somente porque não abrem os olhos e veem, e unicamente duvidam de um governante supremo e de uma lei universal os que não se dispõem a se submeter a uma lei e se responsabilizar perante um juiz; somente questionam outra vida após esta quem tem a intenção de levar aqui uma vida cujo exame teme e que relutaria em responder por ela quando tiver acabado. Sempre serei dessa opinião até ver os que renegam todos os pensamentos sobre Deus, céu e inferno, levarem a vida que convém a criaturas racionais ou observarem esta regra moral inquestionável: faz aos outros o que gostarias que fizessem a ti. Sendo então possível e ao menos provável que exista outra vida, na qual deveremos prestar contas de nossas ações pretéritas nesta vida, ao grande Deus do céu e terra, aqui surge uma outra – a principal – preocupação da humanidade que consiste em saber que ações se devem realizar, quais se devem evitar, sob que lei se deve viver aqui e mediante a qual se será julgado depois. Também nesta parte ele não foi deixado na escuridão; ao contrário: é dotado de princípios do conhecimento e faculdades capazes de descobrir luz suficiente para guiá-lo. Seu entendimento raramente o abandona nesta parte, a menos que sua vontade queira isso. Se ele toma o curso errado, isso acontece mais comumente porque ele sai do caminho por vontade própria ou, pelo menos, escolhe ficar aturdido, e poucos há, se é que os há, que se confundem terrivelmente quando estão dispostos a ficar no caminho certo. A meu ver, é seguro afirmar que, em meio à grande ignorância da qual há tantas justas queixas entre a humanidade, se cada um se esforçasse por conhecer seu dever sinceramente, com o propósito de cumpri-lo, dificilmente se extraviaria por falta de conhecimento.

Como a tarefa do homem consiste em ser feliz neste mundo, graças ao desfrute das coisas da natureza subservientes à vida, saúde, ao conforto e prazer, e às esperanças consoladoras de outra vida quando esta terminar, e, no outro mundo, à acumulação de graus mais altos de glória numa segurança eterna, os únicos conhecimentos de que necessitamos para alcançar esses fins são os da história e observação dos efeitos e operações dos corpos naturais ao alcance de nosso poder, e de nossos deveres na conduta de nossas próprias ações tanto quanto dependem de nossas vontades, isto é, também tanto quanto estão em nosso poder. Um desses é o desfrute adequado de nossos corpos e da perfeição máxima desse, e o outro, de nossas almas, e para alcançar ambos estamos equipados com faculdades tanto do corpo como da alma. Então, enquanto tivermos habilidades para aprimorar nosso conhecimento na filosofia natural experimental e enquanto não nos faltarem princípios sobre os quais estabelecer regras morais, nem luz (se quisermos fazer uso dela) para distinguir boas de más ações, não teremos razão para nos queixarmos se deparamos com dificuldades nas outras coisas que colocam nossas razões numa situação de desvantagem, confundem nossos entendimentos e nos deixam completamente no escuro, sob o efeito da sensação de nossa fragilidade, pois as que não se relacionam de nenhuma maneira com nossa felicidade não dizem respeito a nossas tarefas e, portanto, não é de estranhar se não nos foram concedidas habilidades para lidar com coisas alheias a nossos propósitos, nem concordes com nosso estado ou fim.

    Deus fez esta grande máquina do mundo adequada ao Seu infinito poder e sabedoria. Por que então nos deveríamos julgar com tanto orgulho, nós, a quem Ele pôs num pequeno canto, talvez na parte mais insignificante, a quem fez observadores deste mundo, e ele que não é como deveria ser, a menos que possamos compreendê-lo inteiramente em todas as suas partes? É compatível com Sua bondade e nossa condição que sejamos capazes até agora de entender algumas partes que nos dizem respeito, bem como que sejamos capazes de aplicá-las para nossos usos e torná-las subservientes aos confortos de nossa vida, já que são apropriadas a encher nossos corações e bocas com elogios de sua generosidade. Mas também é compatível com Sua grandeza que isso exceda nossas capacidades e os mais altos voos da imaginação para melhor completar-nos com admiração de Seu poder e sabedoria, além de servir para outros fins e ser provavelmente adequado para os usos de outras criaturas mais inteligentes que não conhecemos. E, se não for razoável esperar que deveríamos ser capazes de penetrar todas as profundezas da natureza e entender toda a fábrica do universo, é ainda uma insolência maior duvidar da existência de um Deus porque ele está acima de nossos estreitos entendimentos ou pensar que não há um ser infinito porque não o somos, isto é, porque nossas mentes não são amplas o suficiente para compreendê-lo. Se todas as coisas devem ser ou perecer pela medida de nossos entendimentos, e negá-lo seria encontrar dificuldades insolúveis, restará muito pouco no mundo, e mal nos deixaremos como entendimentos, almas ou corpos. Ser-nos-á melhor considerar bem nossas próprias fraquezas e exigências, para que fomos feitos e do que somos capazes, e aplicar os poderes de nossos corpos e faculdades de nossas almas, que são bem adequadas à nossa condição, na busca desse conhecimento natural e moral, o qual não está além de nossa força, de modo que não está fora de nosso propósito, mas pode ser alcançado pela indústria moderada e melhorado para nossa vantagem infinita.

Moralidade

Moralidade é o governo das ações do homem em vista da felicidade. Com efeito, sendo somente a felicidade o fim e a meta de todos os homens, não poderia constituir-lhes regra ou lei algo cuja observação não conduzisse à felicidade e cuja violação [não] provocasse miséria.

Definição: Felicidade e miséria consistem em prazer e dor. Bom é o que dá ou aumenta o prazer ou subtrai ou diminui a dor, e mau é o contrário.

Axioma 1. Todos os homens desejam o gozo da felicidade e a ausência de miséria, e apenas e sempre isso.

Axioma 2. Os homens agem apenas por aquilo que desejam.

Portanto, como a felicidade é seu fim, os meios de alcançá-la somente podem ser a regra da ação. Todos sabem que o homem é suscetível de alguns graus de felicidade e grandes graus de miséria nesta vida.

Também é evidente que o poder que fez o homem existir aqui num estado suscetível de prazer e dor é igualmente capaz de fazê-lo existir depois que ele houver perdido toda sensação e percepção por causa da morte, pois quem de início lhe fez existir pode restituí-lo a um estado de sensibilidade e nele permanecer, suscetível de prazer ou dor, enquanto lhe aprouver.

É portanto evidente que há prazer e dor a se esperar nesta vida e que é possível existir um estado depois desta vida no qual os homens sejam suscetíveis de gozos e sofrimentos.

Quanto a esta vida, então, vejamos qual o caminho para alcançar prazer e evitar a dor, pois essa deve ser necessariamente a regra de ação de todas as espécies de seres que não têm outra perspectiva além desta vida.

O homem não criou a si mesmo nem a nenhum outro homem.

O homem não criou o mundo que encontrou pronto ao nascer.

Portanto, o homem ao nascer não pode ter direito no mundo a algo que outro não tenha. Portanto, os homens devem ou gozar todas as coisas em comum ou mediante pacto determinar seus direitos. Se todas as coisas permanecerem em comum, a falta, a rapina e a força inevitavelmente se seguirão em tal estado e, como é evidente, não se pode ter felicidade que não seja compatível com fartura e segurança.

Para evitar esse estado, o pacto deve determinar os direitos das pessoas.

Esses pactos são mantidos ou violados. Se forem violados, sua celebração não significou nada; se forem mantidos, institui-se a justiça como dever, e será a primeira regra geral de nossa felicidade.

Ora, é possível objetar: às vezes pode ser vantajoso violar a palavra empenhada, de modo que posso fazer isso como algo que contribui para a minha felicidade. Resposta: Como todos os homens se submetem a uma única e mesma regra, se me for permitido violar minha palavra em vantagem própria, o mesmo será permitido a qualquer outro, e então tudo o que possuo estará sujeito à força ou ao logro de todos os demais homens no mundo, estado no qual é impossível a qualquer homem ser feliz, salvo ser for a um só tempo mais forte e mais sábio do que o restante da humanidade, pois em tal estado de rapina e força é impossível que qualquer homem seja senhor das coisas cuja posse é necessária a seu bem-estar.

Sendo assim instituída a justiça, o maior e mais difícil dever, o resto não será árduo.

A espécie seguinte de virtudes refere-se à sociedade e por isso tangencia a justiça, mas ainda não está compreendida sob os artigos diretos do contrato, tais como civilidade, caridade, liberalidade.

A civilidade nada mais é senão expressão exterior de boa vontade e estima, ou ao menos de nenhum desprezo ou ódio.

Reputação

O principal móvel de que se originam as ações do homem, a regra mediante a qual se conduzem e o fim a que se dirigem parecem ser o crédito e a reputação, e aquilo que evitam a qualquer custo é, em maior parte, vergonha e desgraça. Isso faz os hurons e outros povos do Canadá com semelhante constância suportar tormentos inexprimíveis. Isso cria comerciantes numa região e soldados noutra. Isso coloca os homens sob a teologia escolástica num país, e sob a medicina ou matemática noutro. Isso molda os vestidos para as mulheres e cria as modas para os homens, e os faz suportar os inconvenientes de tudo. Isso torna os homens bêbados e sóbrios, ladrões e honestos, e os próprios ladrões verdadeiros uns com os outros. As religiões são sustentadas por isso e as facções mantidas, e a vergonha de ser desprezado por alguém com quem um dia se viveu e a quem alguém gostaria de se recomendar é a grande fonte e o guia da maioria das ações humanas. Onde as riquezas têm crédito, a patifaria e a injustiça que as produzem não deixam de ter aprovação, porque, depois de adquirido o estado, a estima o segue; como se diz em alguns lugares, a coroa enobrece o sangue. Onde o poder, e não seu bom exercício, confere reputação, toda a injustiça, falsidade, violência e opressão que o acompanham, passam por sabedoria e habilidade.

Onde o amor ao próprio país é a coisa que tem crédito, haverá uma raça como os bravos romanos; e, onde ser favorito numa corte era a única coisa em moda, pode-se observar a mesma raça dos romanos toda convertida em aduladores e informantes. Portanto, quem quisesse governar o mundo bem tinha de considerar que maneiras, não que leis criar; e para colocar qualquer coisa em uso ele precisa unicamente conferir-lhe reputação.

Justitia

Como muitos dos julgamentos equivocados que se proferem no mundo são mais falhas da vontade do que do entendimento, para que a justiça fosse bem administrada seria necessário tomar cuidado ao selecionar homens mais íntegros do que eruditos.

Opinião

Embora um homem inteligente e atencioso [ponderado] não possa acreditar em algo dando um assentimento mais firme do que é devido à evidência e validade das razões sobre as quais se funda, ainda assim a maior parte dos homens, por não examinar a probabilidade das coisas em sua própria natureza, nem o testemunho dos que as afirmam, toma a crença ou opinião comum das pessoas de seu país, vizinhança ou partido como prova suficiente, e assim acredita e vive pelos modos e pelo exemplo, e é por isso que os homens são zelosos como turcos e cristãos.

Amor

Todos os homens possuem um sortimento de amor guardado em si pela natureza, que eles não podem evitar de dar a uma coisa ou outra. Portanto, deveríamos tomar cuidado para escolher objetos adequados e dignos de nosso amor, a fim de que, como as mulheres que gostam de crianças, objetos próprios de seu afeto, passemos a gostar de cãezinhos e macacos.

Todos sabem que o homem é suscetível de alguns graus de felicidade e grandes graus de miséria nesta vida.

Razão, paixão, superstição

As três grandes coisas que governam a humanidade são razão, paixão e superstição. A primeira governa poucos, as duas últimas dividem o grosso da humanidade e a dominam alternadamente. Mas a superstição mais poderosamente e produz os maiores males.

Conhecimento B

Existem duas espécies de conhecimento no mundo, geral e particular, fundados sobre dois diferentes princípios, isto é, ideias verdadeiras e questões de fato ou história. Todo o conhecimento geral se funda somente sobre ideias verdadeiras, e na medida em que as temos, somos capazes de demonstração ou conhecimento certo, pois quem tem a ideia verdadeira de um triângulo ou círculo é capaz de conhecer qualquer demonstração relativa a essas figuras; mas, se não tiver a ideia verdadeira de um [triângulo] escaleno, nada poderá saber sobre um escaleno, embora possa ter uma opinião confusa ou imperfeita dele ou possa ter uma opinião incerta sobre suas propriedades. Ora, isso é crença, não conhecimento. Pela mesma razão, quem tem uma ideia verdadeira de Deus, de si mesmo como Sua criatura, ou da relação que compartilha com Deus e Suas criaturas semelhantes, da justiça, bondade, lei, felicidade etc., é capaz de conhecer coisas morais, ou ter uma certeza demonstrativa delas. Mas, embora afirme que um homem que tem essas ideias é capaz de conhecimento certo delas, não afirmo que ele por conseguinte tem, presentemente, aquele conhecimento certo, do mesmo modo que quem tem uma ideia verdadeira de um triângulo e um ângulo reto não sabe por conseguinte, presentemente, que os três ângulos de um triângulo são iguais a dois ângulos retos. Ele pode acreditar em outros que lhe dizem ser assim, mas não sabe isso até ele próprio empregar seus pensamentos nisso e ver a conexão e acordo dessas ideias, e com isso fazer para si mesmo a demonstração, isto é, ver que é assim depois de exame. O primeiro e grande passo para o conhecimento é, portanto, ter a mente guarnecida de ideias verdadeiras. Ora, como a mente é capaz de ter coisas morais bem como figura[s], não posso senão pensar que a moralidade, a exemplo das matemáticas, é suscetível de demonstração, se os homens empregarem seu entendimento para pensar mais sobre isso e não se entregarem à maneira tradicional e preguiçosa de falarem uns repetindo os outros. Pelo conhecimento dos corpos naturais e suas operações, alcançam pouco mais que a mera questão de fato, sem ter ideias perfeitas dos modos e das maneiras [pelas quais] são produzidas, nem das causas concorrentes de que dependem. Também a boa administração dos assuntos públicos e privados, como depende dos vários e desconhecidos humores, interesses e capacidades dos homens com os quais temos de lidar no mundo, e não de algumas ideias estabelecidas de coisas físicas, sociedade e prudência, não é suscetível de demonstração, mas o homem é basicamente auxiliado neles pela história da questão de fato e por uma sagacidade em investigar causas prováveis e em descobrir uma analogia em suas operações e efeitos. O conhecimento depende, então, de ideias certas e verdadeiras, e a opinião, da história e de questão de fato, e por isso é que nosso conhecimento das coisas gerais é *eternae veritates* [verdades eternas] e não depende da existência ou acidentes das coisas, pois as verdades da matemática e da moralidade são certas, quer os homens façam figuras matemáticas verdadeiras ou ajustem suas ações às regras da moralidade ou não. Pois que os três ângulos de um triângulo são iguais a dois retos é infalivelmente verdadeiro, quer exista ou não no mundo uma figura como o triângulo, e é verdadeiro que o dever de todo homem é ser justo, quer no mundo exista ou não algo semelhante a um homem justo. Mas só pela experiência se pode saber se esse curso nos assuntos públicos ou privados obterá êxito, se o ruibarbo expurgará ou quinquina [quinino] curará sezão, e fundada na experiência e no raciocínio analógico somente existe probabilidade, mas nenhum conhecimento certo ou demonstração.

Tradição

Os judeus, os romanistas e os turcos pretendem, todos os três, guiar-se por uma lei revelada dos céus, que lhes mostra o caminho para a felicidade. No entanto, todos eles recorrem, muito frequentemente, à tradição, como regra que não possui menos autoridade do que sua lei escrita, e com isso eles parecem conceder que a lei divina (por mais que Deus se disponha a revelá-la) não pode ser transmitida por escritos à humanidade, distante em lugar, tempo, linguagens e costumes. E assim, por defeito da linguagem, não é possível transmitir suficientemente e com exatidão a todos os habitantes da Terra em gerações remotas nenhuma lei positiva da retidão, e por isso tudo deve se reduzir à religião natural e à luz com a qual todo homem nasceu. Do contrário, eles dão ensejo aos homens investigativos de suspeitar da integridade de seus sacerdotes e professores, os quais, relutando que as pessoas tenham uma norma fixa conhecida de fé e maneiras, insinuaram, com vistas à manutenção da própria autoridade, uma outra [regra] de tradição, que sempre estará em seu poder, para que seja variada e adequada aos próprios interesses e motivos.

Logo penso

É tarefa própria do homem buscar a felicidade e evitar a miséria. A felicidade consiste naquilo que deleita e contenta a mente, a miséria é o que a perturba, descompõe ou atormenta. Portanto, farei da minha tarefa buscar satisfação e deleite, evitar a agitação e o desassossego, e conseguir o mais possível de um e o menos possível de outro. Mas aqui devo cuidar para não me enganar, pois, se prefiro um prazer breve a um duradouro, é claro que contrario minha própria felicidade.

Deixe-me então ver em que consistem os mais duradouros prazeres desta vida e, tanto quanto posso observar, eles estão nestas coisas:

1 Saúde, sem o que nenhum prazer sensual possui encanto.

2 Reputação, pois vejo que todos gostam disso e a falta dela é um tormento constante.

3 Conhecimento, pois o pouco conhecimento que possuo eu não venderia, por preço nenhum, nem me desfaria dele em troca de outro prazer.

4 Praticar o bem. Pois vejo que a carne bem cozida que todos os dias como agora não me regala; pior: sinto-me adoentado depois de uma refeição completa. Os perfumes que cheirei ontem agora não me afetam com nenhum prazer. Mas a boa ação que pratiquei ontem, há

um ano, há sete anos, continua a me agradar e a me regalar todas as vezes que reflito sobre isso.

5 A expectativa de eterna e incompreensível felicidade num outro mundo é algo que também traz consigo um constante prazer.

Se, então, eu buscar fielmente a felicidade que me proponho, seja qual for o prazer que se oferecer a mim, deverei cuidadosamente cuidar que não frustre nenhum dos cinco grandes e constantes prazeres acima mencionados. Por exemplo, o fruto que vejo tentar-me com o sabor daquilo que eu amo. Mas, se ponho em risco minha saúde, eu troco um prazer constante e duradouro por um muito curto e transitório, tornando-me infeliz e não sendo leal a meu próprio interesse. A caça, brincadeiras e outras diversões inocentes me encantam. Se faço uso delas para me renovar depois de estudos e atividades, elas preservam minha saúde, restauram o vigor da minha mente e aumentam meu prazer. Mas, se gasto todo ou grande parte do meu tempo nisso, elas impedem meu aperfeiçoamento no conhecimento e nas artes úteis, arruínam meu crédito e me fazem sucumbir ao intranquilo estado de vergonha, ignorância e desprezo, no qual só posso ser extremamente infeliz. A bebida, o jogo e os prazeres viciosos me causarão esse mal, não apenas por desperdiçarem meu tempo, mas por eficácia positiva colocarão em risco minha saúde, depreciarão minhas qualidades, imprimirão maus hábitos, diminuirão minha estima e deixarão um tormento constante e duradouro em minha consciência.

Portanto, sempre evitarei todos os prazeres viciosos e ilícitos, porque o domínio de minhas paixões me proporcionará um prazer constante, maior do que qualquer um desses gozos, e também me livrará de várias espécies de mal certo, os quais mais tarde certamente sofrerei ao me entregar a uma tentação presente. Todos os prazeres e deleites inocentes, na medida em que contribuem para minha saúde e são compatíveis com meu aperfeiçoamento, minha condição e meus outros prazeres mais sólidos do conhecimento e da reputação, eu desfrutarei, mas até certo ponto, e isso observarei e examinarei cuidadosamente, para que eu não perca um prazer maior, enganado pela lisonja de um prazer presente.

Ethica A

Nada consegue atrair um agente racional nem ser causa para ele de ação, salvo o bem. Esse bem é apenas prazer, ou maior prazer ou os meios para isso. Todos os prazeres são da mente, nenhum é do corpo, mas alguns consistem em movimentos do corpo, alguns em contemplações e satisfações da mente separadas, abstratas e independentes de quaisquer movimentos ou afecções do corpo. E estes últimos são os maiores e mais duradouros. Ao primeiro destes, por brevidade [designaremos] de prazeres dos sentidos, aos outros, prazeres da alma ou, melhor, prazeres materiais e imateriais. Os prazeres materiais não duram além da presente aplicação do objeto aos sentidos e constituem somente uma pequena parcela da vida do mais voluptuoso homem. Os do paladar cessam assim que o estômago está cheio, e um apetite saciado tem aversão pelos pratos mais requintados. Os perfumes se fazem enjoativos aos homens num curto espaço de tempo ou, o que é o mesmo, não são mais sentidos. Raros são os que se deleitam tanto com a música que, quando ela se torna familiar, deixam de lhe dar importância ou pelo menos de preferir a conversa de um amigo a ela, como qualquer um pode observar em si ou em outros. E, [quanto] à visão, embora seja o mais capaz e mais empregado de todos os nossos sentidos, seu prazer não reside tanto no deleite que os

Onde as riquezas têm crédito, a patifaria e a injustiça que as produzem não deixam de ter aprovação.

olhos têm nos objetos diante de si, mas em outras coisas anexadas a eles, como o conhecimento e a escolha de coisas vantajosas às outras partes de nossas vidas, e no poder de ver tão útil a nós em todas as partes de nossas vidas. Assim, todos os prazeres dos sentidos reunidos, mesmo também aquele de que o pudor não fala abertamente, creio poder afirmar-se que o homem mais voluptuoso não tem seus sentidos afetados por eles, e portanto não obtém prazer deles, uma quarta parte de seu tempo – talvez, quando se examinar se verá que é muito menos; o restante do corpo ignora o prazer ou não é afetado por ele. Talvez porque, embora a sensação corpórea seja tão breve, o gozo e prazer é mais longo, como o de um esplêndido banquete: a satisfação dura mais do que a refeição; começou antes dela e não termina com ela. Que seja. Isso mostra que, mesmo nesses prazeres materiais e sensuais, a contemplação compõe a maior parte, e, quando os sentidos esgotam a mente, pelo pensamento, prolonga um prazer do qual os sentidos não partilham nada. O uso que faço disso é que, mesmo nos homens voluptuosos, a mente sem o corpo cria a maior parte de sua felicidade, ou então na maior parte de sua vida eles são destituídos de felicidade.

  Logo, se a felicidade é nosso interesse, fim e tarefa, é evidente que o caminho para ela é amar nosso próximo como a nós mesmos, pois assim ampliamos e asseguramos nossos prazeres, pois então todo o bem que fazemos a eles redobra em nós e nos concede um prazer avigorado e ininterrupto. Quem se privou de uma refeição para salvar a vida de um faminto, muito mais um amigo, o que são para nós todos os homens a quem amamos, só teve mais prazer e um prazer muito mais duradouro nisso do que aquele que a comeu. O prazer do outro morreu assim que ele comeu e terminou sua refeição. Mas, para aquele que lha cedeu, é um festim todas as vezes que reflete sobre isso.

Em seguida, os prazeres da mente são os maiores e os mais duradouros. Quem seria tão bruto a ponto de não renunciar ao maior prazer sensual para salvar a vida de uma criança a quem ama? O que é isso, senão prazer do pensamento remoto de qualquer deleite sensual? Amai o mundo inteiro como amais vosso filho ou a vós mesmos e torne isso universal. Quanto isso deixará mais curta a terra do céu?

Portanto, a felicidade está ligada a amarmos outros e a fazermos nosso dever, a atos de amor e caridade. Quem nega que seja assim aqui porque ninguém observa essa regra de amor e caridade universais introduz a necessidade de uma outra vida (na qual Deus pode estabelecer uma distinção entre os que praticaram o bem e sofreram e os que praticaram o mal e aproveitaram por seu diferente tratamento lá) e com isso executa com mais força a moralidade, impondo uma necessidade na justiça de Deus por Suas recompensas e punições, para tornar os bons vencedores e os iníquos, perdedores.

Ethica B

Existem duas partes da ética. A primeira é a regra em relação à qual os homens em geral estão certos, embora talvez eles não as tenham deduzido, como deveriam, de seus verdadeiros princípios. A outra são os verdadeiros motivos para praticá-las e os modos de levar os homens a observá-las, e estes geralmente ou não são bem conhecidos ou não são corretamente aplicados. Sem a última, os discursos morais são algo que os homens ouvem com prazer e aprovam, porque a mente em geral se deleita com a verdade, sobretudo se é expressa com elegância. Mas tudo isso não passa do deleite da especulação. Algo mais é necessário à prática, que nunca existirá até os homens se tornarem atentos à virtude e poderem prová-la. Para fazer isso, é preciso considerar qual é a doença específica de cada homem, qual é o prazer que o possui. Sobre isso, os discursos jamais obterão domínio. Todavia, por todas as preponderâncias da amizade, todas as artes da persuasão, ele deve ser levado a viver o curso contrário. É preciso levá-lo a praticar em ocasiões particulares e assim estabelecer, mediante hábitos, um prazer contrário, e então, quando a consciência, a razão e o prazer caminham juntos, eles certamente prevalecem. Será mais fácil a um homem prudente descobrir qual é o modo de fazer isso em casos particulares quando o caso apresentá-los para qualquer um prever e determinar antes de o caso acontecer e a pessoa ser conhecida.

Os perfumes que cheirei ontem
agora não me afetam com nenhum prazer.

É muito mais fácil fazer a

profissão de acreditar num certo

conjunto de opiniões que talvez

jamais tenham sido sequer lidas.

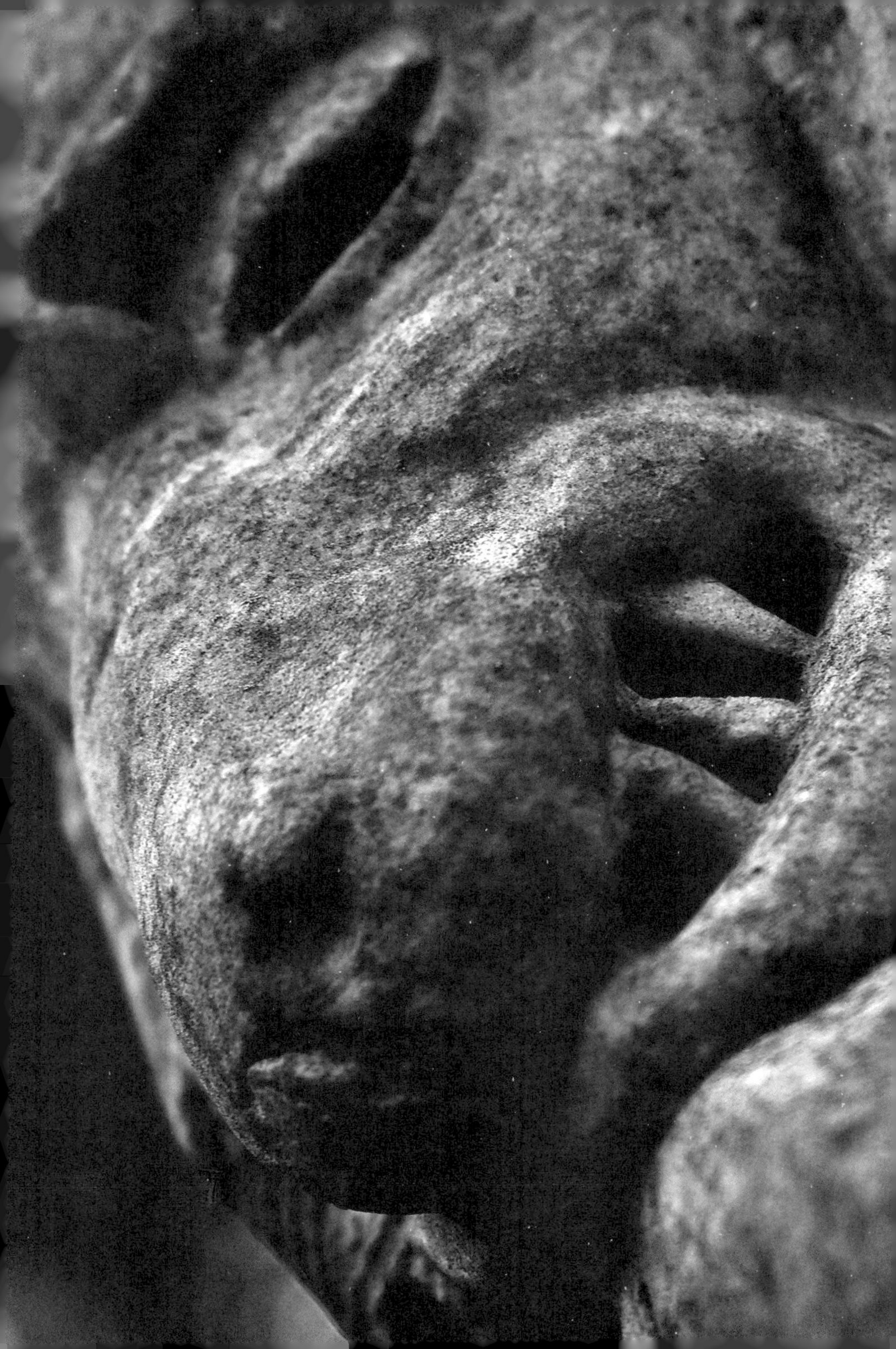

Homo ante et post Lapsum

O homem foi criado mortal [e] colocado em posse de todo o mundo, onde, no pleno uso das criaturas, quase não havia lugar para desejos irregulares – o instinto e a razão o conduziam pelo mesmo caminho e, não sendo capaz de cobiça ou ambição, quando já dispunha do livre uso de todas as coisas, dificilmente poderia pecar. Deus então lhe deu uma lei probatória, mediante a qual ele foi impedido de um único fruto, bom, saudável e tentador por si só. A punição anexada a essa lei foi a morte natural. De fato, embora ele fosse criado mortal, a árvore da vida deveria, depois de [ele] ter observado essa lei probatória, para um testemunho suficiente de sua obediência, ter-lhe vestido de uma imortalidade sem morte. Mas ele pecou e a sentença de morte foi imediatamente executada, pois ele foi expulso da árvore da vida (Gn 3,22). Assim, excluído daquilo que poderia curar qualquer destempero [que] pudesse provir de um uso tão livre das criaturas e renovar sua idade, ele começou a morrer desde aquele momento, separando-se de sua fonte de vida. De modo que agora ele, e nele toda a sua posteridade, estavam submetidos à necessidade de morrer, e então o pecado ingressou no mundo e a morte pelo pecado. Mas aqui Deus o coloca sob um novo pacto de graça e daí num estado de vida eterna, porém não sem morrer. Essa foi a punição do primeiro pecado para Adão e Eva, a saber, a morte e a consequência, mas não a punição deste para toda a sua posteridade, porque para ela, como jamais lhes foi dada nenhuma esperança ou expectativa de imortalidade, nascer mortal, como o homem é agora, não pode ser considerado punição. Por meio desse pecado Adão e Eva vieram a conhecer o bem e o mal, isto é, a diferença entre o bem e o mal, pois sem pecar o homem não teria conhecido o mal. Por causa de sua ofensa, tiveram medo de Deus: isso lhes deu ideias e apreensões horrorosas Dele e isso diminuiu seu amor, o que fez suas mentes se voltarem para aquela natureza, pois essa raiz de todo o mal neles causou impressões e infectou muito seus filhos, e quando as posses privadas e o trabalho, que agora o curso da terra tornou necessários, gradualmente criaram a distinção de condições, abriu-se espaço para a cobiça, orgulho e ambição, os quais por modos e exemplo disseminaram a corrupção que então prevaleceu sobre a humanidade.

Voluntas

Aquilo que tanto confundiu os homens sobre a vontade e sua determinação foi o fato de se confundir a noção de retitude moral e lhe dar o nome de bem moral. O prazer que o homem tem numa ação qualquer ou que espera como consequência dela é de fato um bem em si mesmo, próprio a mover a vontade. Mas, considerada meramente em si mesma, a retidão moral dela não é boa nem má, nem [de] modo algum move a vontade, a não ser na medida em que prazer e dor ou acompanham a própria ação ou são considerados consequência dela. Isso é evidente por causa das punições e recompensas que Deus anexou à retitude moral ou à depravação, como motivos próprios da vontade, o que seria desnecessário se a retidão moral fosse em si mesma boa e a depravação moral, má.

Quem sabe dizer todas as particularidades de Heródoto e Plutarco, Curtius e Lívio, sem fazer nenhum outro uso deles, pode ser um homem ignorante dotado de uma boa memória.

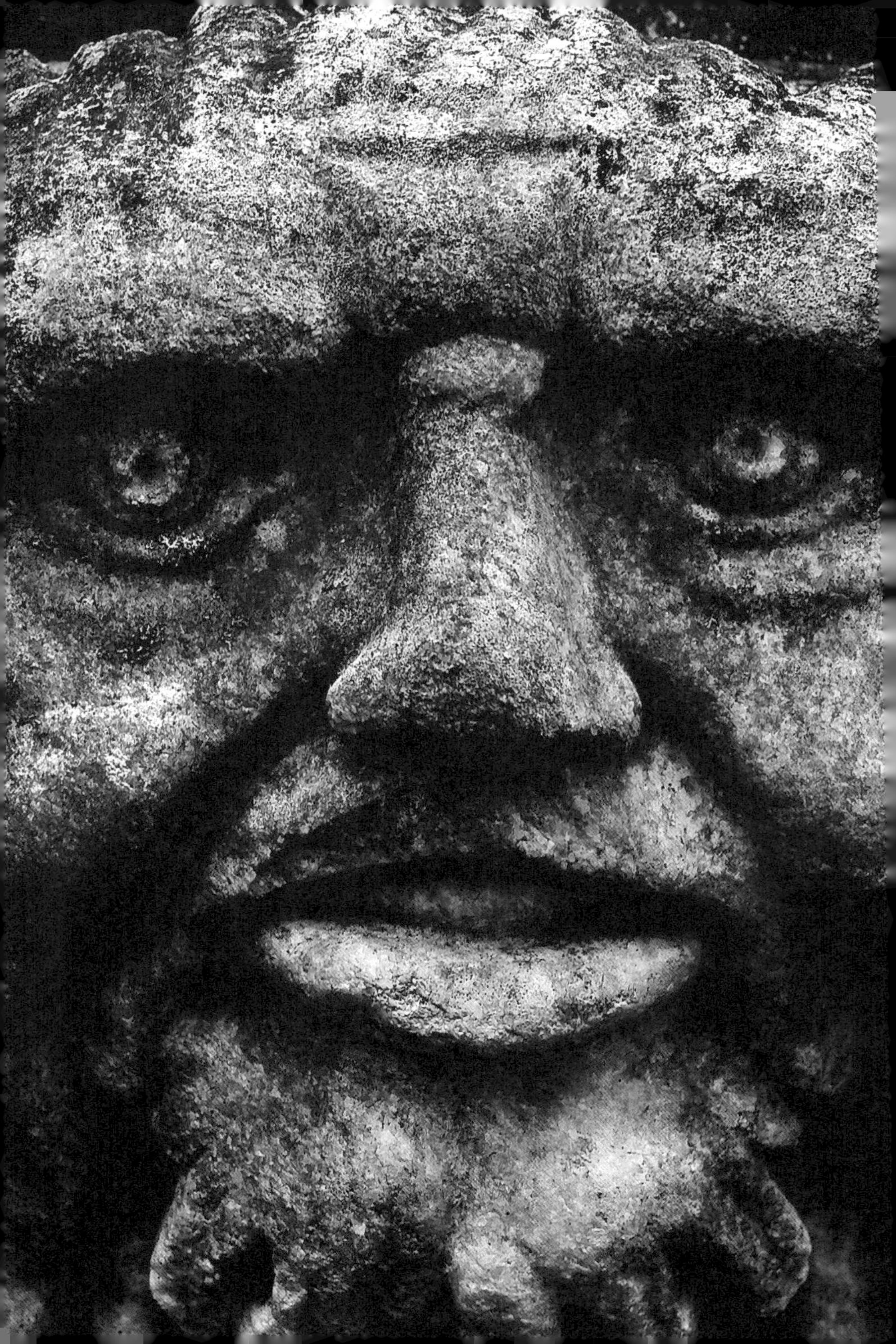

Lei

A origem e fundação de toda a lei é a independência. Um ser inteligente dependente está sob o poder, direção e domínio daquele de quem ele depende, e deve existir para os fins designados a ele por esse ser superior. Se o homem fosse independente, ele não teria outra lei, senão sua própria vontade, nenhum fim, senão ele mesmo. Ele seria um deus para si, e a satisfação de sua própria vontade, a única medida e fim de todas as suas ações.

Erro

A grande divisão entre os cristãos refere-se às opiniões. Toda seita possui uma série própria delas, que se chama ortodoxia. Quem professa seu assentimento a elas, embora com uma fé implícita e sem exame, é um ortodoxo e está no caminho da salvação. Mas quem examina e por conseguinte questiona qualquer uma delas é imediatamente suspeito de heresia, e caso se oponha a elas ou sustente o contrário é imediatamente condenado por seu abominável erro, estando [no] caminho certo da perdição. Pode-se dizer que não há, nem pode haver, nada mais errado do que isso. Pois quem examina e com base num exame justo adota um erro como verdade fez seu dever, mais do que aquele que adota a profissão (pois as verdades mesmas ele não adota) da verdade sem ter examinado se é verdadeira ou não. E quem faz seu dever, de acordo com o máximo de sua capacidade, certamente está mais no caminho da salvação do que quem não fez nada disso. Ora, se for nosso dever buscar a verdade, quem a buscou, embora a tenha encontrado em alguns pontos, prestou uma obediência mais aceitável à vontade de seu criador do que aquele que não buscou nada mas professa ter encontrado a verdade quando nem a procurou, nem a encontrou. Quem assume em bloco as opiniões de qualquer igreja, sem examiná-las, de fato nem buscou nem encontrou a verdade: encontrou apenas aqueles que ele julga terem encontrado a verdade, e assim aceita o que eles dizem com uma fé implícita, prestando-lhes a homenagem que é devida apenas a Deus, que não pode ser enganado, nem enganar.

Desse modo, as várias igrejas (nas quais, como se pode observar, as opiniões são preferíveis à vida [conduta] e é com a ortodoxia que estão preocupados, não com a moral) estipulam os termos da salvação naquilo que o autor de nossa salvação não os estipula. A crença num conjunto de certas proposições, intituladas e reputadas como artigos fundamentais porque conveio aos compiladores colocá-las em sua confissão de fé, converte-se em condição da salvação. Mas essa crença não é, na verdade, crença, mas profissão de acreditar, pois é suficiente se juntar àqueles que fazem a mesma profissão; a ignorância ou descrença de alguns desses artigos é bem tolerada – um homem é suficientemente ortodoxo e não desperta nenhuma suspeita, até que ele começa a examinar. Tão logo se percebe que ele renuncia à sua fé implícita, esperada embora repudiada pela Igreja, sua ortodoxia é imediatamente questionada e ele é estigmatizado como herético. Nesse caminho de uma fé implícita, não nego que um homem que acredite em Deus Pai Todo-Poderoso e que Jesus Cristo é Seu único filho, nosso Senhor, possa se salvar, porque muitos dos artigos de cada seita são tais que um homem pode se salvar sem a fé explícita nisso. Mas devo admitir que não vejo como é possível às várias Igrejas que colocam a salvação tão só num conhecimento e numa crença de suas várias confissões contentarem-se com essa fé implícita em qualquer um de seus membros. A verdade é que não podemos nos salvar sem a crença explícita naquilo que Deus, no Evangelho, tornou absolu-

Ora, se for nosso dever buscar a verdade, quem a buscou, embora a tenha encontrado em alguns pontos, prestou uma obediência mais aceitável à vontade de seu criador do que aquele que não buscou nada mas professa ter encontrado a verdade quando nem a procurou, nem a encontrou.

tamente necessário à salvação: acreditar explicitamente e obedecer sinceramente ao que Ele lá ordenou. Para um homem que acredita em Jesus Cristo, que ele é enviado por Deus para ser salvador do mundo, o primeiro passo para a ortodoxia é a obediência sincera a sua lei.

Objeção: ora, e se for um ignorante trabalhador diarista que não consegue nem ler, como ele poderá estudar o Evangelho e se tornar ortodoxo dessa maneira? Resposta: um lavrador que não consegue ler não é ignorante a ponto de não ter uma consciência e saber, naqueles poucos casos relativos às próprias ações, o que é certo e errado. Que ele obedeça sinceramente a essa luz da natureza: ela é a transcrição da lei moral do Evangelho; e, embora haja erros nela, o conduzirá a todas as verdades do Evangelho que ele precisa conhecer. Pois quem acredita convictamente que Cristo foi enviado de Deus para ser Seu Senhor e governante; quem sincera e espontaneamente empreende uma vida boa, conforme saiba ser seu dever – e quando estiver em dúvida a respeito de qualquer questão que diga respeito a si próprio não poderá deixar de perguntar aos que são mais versados na lei de Cristo, para lhe informarem o que seu Senhor e mestre ordenou nesse caso –, e deseja que lhe seja lida sua lei a respeito do dever no qual ele se vê envolvido, para a orientação das próprias ações – porque, quanto às ações de outros homens, o que é certo ou errado para estes, não lhe concerne saber –, sua tarefa é viver bem e fazer seu dever específico. Isso constitui dever e ortodoxia suficiente para ele, e certamente o conduzirão à salvação, ortodoxia que não pode faltar a ninguém que seriamente decide levar uma vida boa. Portanto, estabeleço como princípio do cristianismo que o único modo correto da ortodoxia salvadora é o sincero e resoluto propósito de uma boa vida.

Todos nós somos ignorantes de muitas coisas contidas nas Sagradas Escrituras. Também todos nós professamos erros, e não são poucos, a respeito das doutrinas expressas na Escritura: estes, portanto, não podem ser condenáveis, do contrário ninguém será salvo. E, se são perigosos, certo é que os ignorantes e analfabetos estão mais seguros, pois cometem os menores erros que não os perturbam com especulações superiores a suas capacidades ou além de sua preocupação. Uma boa vida em obediência à lei de Cristo, seu Senhor, constitui sua tarefa indispensável, e caso se informem sobre isso, na medida em que seus deveres específicos os levem a investigar e os obriguem a conhecer, possuem suficiente ortodoxia e não serão condenados por ignorância das especulações que eles não tiveram nem talento [habilidade], oportunidade, nem tempo para conhecer. Aqui podemos ver a diferença entre a ortodoxia exigida pelo cristianismo e a ortodoxia exigida pelas várias seitas ou, como se intitulam, igrejas de cristãos. Uma é acreditar de maneira explícita no que se exige acreditar, sem dispensa, como absolutamente necessário à salvação, e conhecer e acreditar nas outras doutrinas de fé expressas na palavra de Deus, conforme se tenha oportunidade, auxílio e talentos, mas se informar das regras e medidas do próprio dever, no que se refere às próprias ações, e prestar-lhes obediência sincera. Entretanto, a outra, a saber, a ortodoxia exigida pelas várias seitas, é uma profissão de acreditar no conjunto inteiro de seus respectivos artigos instituídos em cada sistema eclesiástico, sem conhecer as regras do dever específico de cada pessoa, ou se exigir uma obediência sincera ou estrita delas. Pois são opiniões especulativas, confissões de fé enfatizadas nas várias comunhões; devem ser reconhecidas e subscritas, mas, quanto aos preceitos e às regras de moralidade, além da observância deles, não me lembro de terem recebido muita atenção ou de se ter fortemente ventilado a compilação ou observância deles em algum dos termos da comunhão eclesiástica. Mas há que se observar ainda que este modo é muito mais bem ajustado para conseguir e conservar os membros da Igreja do que o outro, e é muito mais adequado a esse fim, já que é muito mais fácil fazer a profissão de acreditar num certo conjunto de opiniões que talvez jamais tenham sido sequer lidas, e das quais várias talvez não fossem nem mesmo compreendidas se lidas e estudadas (pois não se exige mais do que a profissão de acreditar nelas, expressa numa aquiescência que não permite a ninguém questionar ou contradizer nenhuma delas), do que praticar os deveres de uma boa vida em obediência sincera aos preceitos do Evangelho nos quais suas ações estão tratadas. Preceitos que não são difíceis de conhecer por alguém que esteja disposto e pronto a obedecer-lhes.

Quase não existe ninguém que não tenha opiniões plantadas em si pela educação desde tempos imemoriais, as quais vêm a ser, desse modo, semelhantes às leis municipais do país, que não devem ser questionadas, mas aqui são consideradas com reverência, como modelos de certo e errado, verdade e falsidade.

Estudo (excertos)

O fim o estudo é o conhecimento, e o fim do conhecimento é a prática ou comunicação. É verdade, o deleite está comumente associado a todos os avanços do conhecimento, mas, quando estudamos somente com esse fim, é preciso considerá-lo mais como diversão do que como ocupação – e assim havemos de incluí-lo entre nossas recreações.

A extensão do conhecimento ou das coisas cognoscíveis é tão vasta, nossa duração aqui tão curta, e tão estreita a passagem pela qual o conhecimento das coisas entra em nossos entendimentos, que se acharia o tempo de nossa vida inteira demasiado pequeno, sem as necessárias deduções da infância e da velhice (que não são suscetíveis de muito aperfeiçoamento), para o repouso de nossos corpos e as inevitáveis diversões e, na maioria das condições, para os empregos comuns de ocupações que, se negligenciarem, não poderão comer ou viver. Afirmo que todo o tempo de nossa vida, sem esses necessários desfalques [deduções], não é suficiente para nos familiarizar com todas essas coisas. Não afirmarei quais somos capazes de conhecer, mas quais seriam não somente conveniente, e mesmo muito vantajoso conhecermos. Quem considerar quantas dúvidas e dificuldades permaneceram nas mentes da maioria dos homens instruídos depois de longa e aplicada investigação, quantas coisas, nas diversas províncias do conhecimento que examinaram, ficaram ocultas, em quantas outras províncias do *mundus intelligibilis* [mundo inteligível], se assim posso chamá-lo, nem sequer tocaram uma só vez, facilmente consentirá com a desproporção entre nosso tempo e nossa força e a grandeza dessa tarefa do conhecimento tomado em sua completa amplitude, e com a ideia segundo a qual, se não for nossa principal tarefa aqui, é tão necessária a ela e está tão entrelaçada com ela, que o progresso adicional que fazemos em ato é tão pequeno quanto o que fazemos em conhecimento – ou, pelo menos, com pouco resultado: agir sem entendimento é, no máximo, somente trabalho perdido.

Portanto, cabe a nós aperfeiçoar o mais possível nosso tempo e nosso talento nesse aspecto e, como temos uma longa jornada a fazer, mas os dias são curtos, seguir o caminho mais reto e direto possível. Com essa finalidade, talvez seja oportuno declinar algumas coisas que podem nos desnortear ou pelo menos nos tirar do nosso caminho, como:

1 Todo aquele labirinto de palavras e expressões inventadas e utilizadas apenas para instruir e entreter as pessoas na arte da disputa, e que talvez venham a se mostrar, quando examinadas, com pouco ou nenhum sentido; alguns acham que é dessa espécie de estofa que os lógicos, médicos, éticos, metafísicos e teólogos das escolas [escolásticos] estão bem forrados...

2 Uma meta e um desejo de saber quais foram as opiniões de outros homens. A verdade não precisa de nenhuma recomendação, e o erro não é corrigido por esta. Em nossa investigação do conhecimento, importa muito pouco o que outros homens pensaram, [...] O interesse cegou alguns, o preconceito outros, que marcharam

confiantemente adiante; e, embora fora do caminho, eles consideravam que tinham muita razão. Não digo isso para desvalorizar a luz que recebemos de outros ou para se pensar que não existe quem nos auxilie imensamente em nossos esforços em busca de conhecimento; talvez sem livros fôssemos tão ignorantes quanto os índios, cujas mentes são tão despidas quanto os corpos. Mas, a meu ver, é ocioso e inútil transformar em ocupação o estudo do que foram os sentimentos de outros homens em coisas nas quais só a razão deve ser juiz, com o propósito de se suprir deles e ser capaz de citá-los em todas as ocasiões. Por maior que se julgue essa parte do aprendizado, para um homem que considere de quanto tempo dispõe, quanto trabalho a fazer, quantas coisas deve aprender, quantas dúvidas a esclarecer em religião, quantas regras a estabelecer para si em moralidade, quanto esforço a empreender consigo para dominar seus desejos e paixões indômitos, como se precaver contra os milhares de casos e acidentes que acontecerão, e mais uma quantidade infinita em sua ocupação geral e particular – digo a quem considerar isso bem que não parecerá muito sua tarefa familiarizar-se intencionalmente com as variadas presunções de homens que se encontram nos livros, mesmo sobre assuntos de peso. Não nego que conhecer essas opiniões em toda a sua variedade, contradição e extravagância possa servir para nos instruir na vaidade e ignorância da humanidade, e nos tornar humildes e cautelosos após essa consideração; mas isso não me parece razão suficiente para nos envolvermos deliberadamente nesse estudo, e em nossas investigações de questões mais substanciais depararemos com bastante dessa miscelânea para nos familiarizar com a fraqueza do entendimento humano...

3 [A terceira armadilha é a fineza de expressão, quando não for subserviente à verdade e à virtude.]

4 A Antiguidade e a história, na medida em que só tiverem o propósito de nos fornecerem história e conversa. As histórias de Alexandre e César, enquanto nos instruírem na arte do bem viver e nos fornecerem observações de sabedoria e prudência, não devem ser minimamente preferíveis à história de Robin Wood ou dos Sete Mestres Sábios. Não nego que a história seja muito útil e muito instrutiva da vida humana. Mas, se for estudada unicamente pela reputação de ser historiador, é coisa muito fátua. Quem sabe dizer todas as particularidades de Heródoto e Plutarco, Curtius e Lívio, sem fazer nenhum outro uso deles, pode ser um homem ignorante dotado de uma boa memória, e malgrado todos os seus esforços apenas encheu sua cabeça com fábulas de Natal. E o que é pior: como a maior parte da história é composta de guerras e conquistas, e seu estilo, especialmente o dos romanos, consiste em falar do valor como a principal virtude, se não a única, corremos o risco de nos iludir pela corrente e pelo objetivo geral da história. Considerando Alexandre e César e outros heróis semelhantes como os mais sublimes exemplos de grandeza humana, porque cada um deles causou a morte de vários milhares de homens e a ruína de um número ainda maior, infestou boa parte da terra e assassinou seus habitantes para possuir seus países, tendemos a tratar a carnificina e a rapina como as principais marcas e a essência mesma da grandeza humana...

5 [A quinta armadilha são "as questões sutis e as remotas especulações inúteis".]

Mas, se me fosse adequado enfileirar as partes do conhecimento e distribuir a cada um seu lugar e precedência, para assim orientar nossos estudos, eu pensaria que é natural colocá-los nesta ordem:

1 Sendo o céu nosso grande negócio e interesse, o conhecimento que pode nos orientar para lá também o é, de modo que esse é, fora de dúvida, o estudo que deveria assumir o primeiro e principal lugar em nossos pensamentos. Mas merecerá um capítulo exclusivo verificar em que consiste, quais suas partes, seu método e sua aplicação.

2 A próxima coisa para a felicidade no outro mundo é uma tranquila e próspera passagem por este, o que requer uma conduta discreta e a gerência de nós mesmos nas várias situações de nossa vida. O estudo da prudência, então, parece-me merecer o segundo lugar em nossos pensamentos e estudos. Um homem talvez seja bom (se é de coração verdadeiro e sincero em relação a Deus) com uma pequena porção de prudência, mas jamais será muito feliz consigo ou útil a outros sem ela. Estes dois são tarefas de todo homem.

3 Se aqueles que recebem de seus predecessores uma abundante fortuna são dispensados de exercer uma ocupação particular para sua subsistência nesta vida, é certo, pela lei de Deus, que têm a obrigação de fazer algo. Como isso já foi judiciosamente tratado por uma pena hábil, não interferirei. Passarei àqueles que fizeram das letras seu negócio; creio que está a cargo deles conferir à tarefa específica de sua vocação o terceiro lugar em seu estudo...

[Segue-se uma exortação para se ter uma mente saudável num corpo saudável.]

Nosso primeiro e grande dever, então, é trazer a nossos estudos e a nossas investigações por conhecimento uma mente ávida de verdade, que só busca isso e a

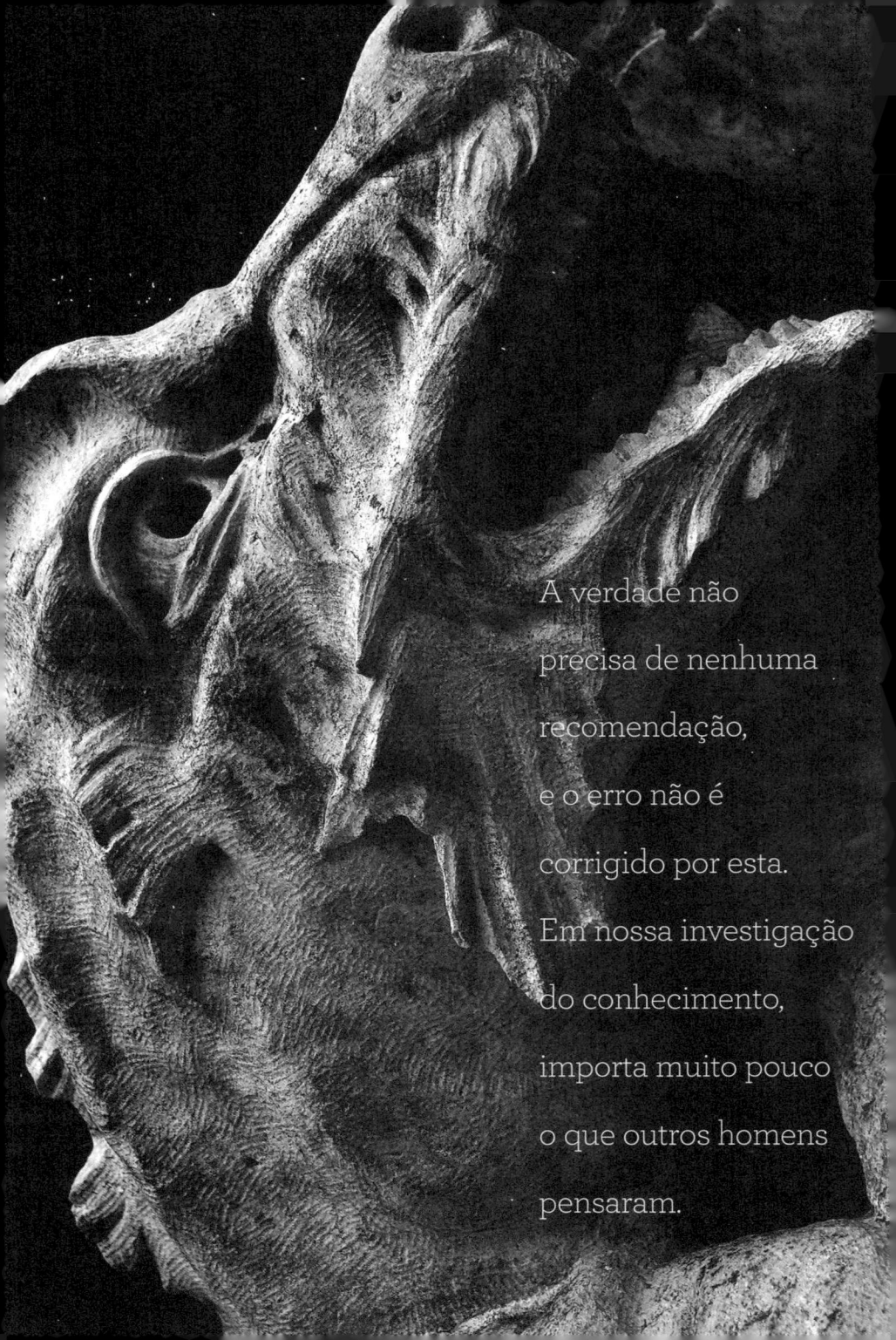

A verdade não precisa de nenhuma recomendação, e o erro não é corrigido por esta. Em nossa investigação do conhecimento, importa muito pouco o que outros homens pensaram.

imparcialidade, aceitando-a, por mais pobre, desprezível e tosca que possa parecer. Isso é o que todos os homens estudiosos professam fazer e, entretanto, é aí que, a meu ver, muitos malogram. Quase não existe ninguém que não tenha opiniões plantadas em si pela educação desde tempos imemoriais, as quais vêm a ser, desse modo, semelhantes às leis municipais do país, que não devem ser questionadas, mas aqui são consideradas com reverência, como modelos de certo e errado, verdade e falsidade. Quando talvez essas opiniões tão sagradas não passavam de oráculos dos quartos de criança ou conversa grave e tradicional dos que pretendem informar nossa infância, quem as recebe inerme, sem jamais examiná-las? Esse é o destino de nossa idade juvenil, que, amadurecendo cedo, com o passar do tempo desenvolve, por assim dizer, a mesma constituição de mente que mais tarde com extrema dificuldade recebe uma tintura diferente. Quando crescemos, vemos o mundo dividido em bandos e companhias, não apenas congregados sob várias Constituições e governos, mas unidos apenas por causa de opiniões, e sob esse aspecto combinados rigorosamente uns com os outros, e distintos de outros, especialmente em questões religiosas. Se o nascimento ou o acaso houverem lançado um homem jovem em qualquer um desses grupos (o que raramente deixa de acontecer), a escolha, quando ele tiver crescido, certamente o colocará em um ou outro deles, frequentemente por causa da opinião de que aquele partido está certo, e às vezes porque ele não considera seguro permanecer sozinho, julgando mais conveniente, portanto, arrebanhar-se em algum lugar.

    Ora, em cada um desses partidos de homens há certo número de opiniões recebidas e reconhecidas como a doutrina e os dogmas dessa sociedade, a cuja profissão e prática todos os que são de sua comunhão devem sucumbir ou então nem sequer serão vistos como pertencentes a essa sociedade, ou pelo menos serão considerados irmãos insensíveis, correndo o risco de apostatar. É evidente que, na grande divergência e contrariedade de opiniões que existe entre esses vários partidos, há muita falsidade e uma abundância de erros em muitas delas. A astúcia em algumas e a ignorância em outras primeiro os mantiveram juntos, e no entanto como é raro que a fé implícita, o medo de perder crédito com o partido, ou o interesse (pois tudo isso opera sucessivamente) permita a alguém questionar qualquer um dos dogmas de seu partido! Ao contrário, em bloco ele os recebe, aceita e, sem examinar, professa, adere a eles e mede todas as outras opiniões com base neles. O interesse mundano também insinua nas mentes de vários homens diversas opiniões que, acomodando-se a seu proveito temporal, são suavemente aceitas e, com o tempo, de tal modo são absorvidas aí que não é fácil removê-las.

Por esses e talvez outros meios, as opiniões vêm a se estabelecer e fixar nas mentes dos homens e, quer sejam verdadeiras ou falsas, aí permanecem gozando de reputação, como verdades substanciais e materiais, e por isso são raramente questionadas ou examinadas por aqueles que as cultivam. Se por acaso são falsas, como na maioria dos homens a maior parte deve necessariamente ser, elas colocam o homem fora do caminho no curso inteiro de seus estudos; e, embora em sua leitura e investigações ele se jacte de que seu desígnio é informar seu entendimento no real conhecimento da verdade, de fato esse desígnio não se dirige a nada, não alcança nada, salvo a confirmação de suas opiniões já recebidas. As coisas que ele encontra nos escritos ou discursos de outros homens são aceitas ou rejeitadas conforme guardem proporção com as antecipações que antes tomaram posse de sua mente. Isso se mostrará de modo evidente se examinarmos um ou dois exemplos.

É doutrina principal do partido romano acreditar que sua Igreja seja infalível. Isso é aceito como marca do bom católico, e a fé implícita, o medo ou o interesse impede todos os homens de a questionarem. Quando se nutre disso como princípio indubitável, vejam que obra produz com a escritura e a razão: nenhuma delas será ouvida – embora jamais falem com tanta clareza e demonstração – quando contradisserem qualquer uma de suas doutrinas ou instituições. E, embora não atinja essa altura imberbe para negar a escritura, as interpretações e distinções evidentemente contrárias ao sentido óbvio e às concepções comuns dos homens são empregadas para eludir seu significado e preservar intacta a autoridade deste princípio de que a Igreja é infalível. Por outro lado, façamos da luz interior nosso guia e vejamos também o que será da razão e da escritura. Um hobbista, com seu princípio da autoconservação, do qual ele deve ser o juiz, não admitirá facilmente um número muito grande de deveres evidentes de moralidade. Deve-se necessariamente encontrar a mesma coisa em todos os homens que adotaram princípios sem examinar sua verdade.

É aqui, portanto, que os homens tomam o preconceito pela verdade sem se dar conta disso e mais tarde, como homens de apetites corrompidos, quando pensam se nutrir, em geral se alimentam somente das coisas que se ajustam a seu humor vicioso e o aumentam. Por isso é que se deve olhar atentamente para essa parte. É necessário examinar essas antigas preocupações de nossas mentes, essas opiniões reverenciadas e quase sagradas, se queremos abrir caminho para a verdade e colocar nossas mentes na liberdade que lhes pertence e lhes é necessária. Um engano não causa menos esse efeito, nem jamais se transformará em verdade, porque acreditamos nele por muito tempo, embora talvez seja mais difícil nos desfazermos dele. E um erro não é menos perigoso, nem menos contrário à verdade, porque é aclamado e venerado por algum partido, embora seja provável que nós nos disponhamos menos a pensar assim. Aqui, portanto, precisamos de toda a nossa força e de toda a nossa sinceridade; é aqui que devemos recorrer ao auxílio de um amigo sério e sensato, que pode tranquilamente nos ajudar a examinar essas nossas opiniões aceitas e amadas. Pois estas são de tal ordem que a mente, por si só impregnada delas, não tem tanta facilidade de questioná-las, olhar em redor e argumentar contra elas. Elas são os amores de nossas mentes, e é tão difícil encontrar um defeito nelas como é para um homem apaixonado não gostar de sua amante. É necessário, pois, o auxílio de um outro; pelo menos é muito útil mostrar-nos imparcialmente os defeitos delas e nos ajudar a testá-las pelo princípio claro e evidente da razão ou religião...

[A maior parte do restante refere-se a técnicas de estudo.]

É hora de colocar fim a este discurso demasiado grande. Apenas acrescentarei uma única palavra e então concluirei. É a seguinte: enquanto no início eu suprimi de nosso estudo a história como parte inútil, como certamente é, quando é somente lida como uma fábula que se conta, aqui, por outro lado, eu a recomendo a quem já tenha bem estabelecidos em sua mente os princípios da moralidade e saiba como fazer um julgamento das ações dos homens, como um dos mais úteis estudos a que ele pode se dedicar. Lá ele verá um quadro do mundo e a natureza da humanidade, e assim aprenderá a pensar sobre os homens como eles são. Lá ele verá o surgimento das opiniões; descobrirá as ocasiões superficiais e às vezes vergonhosas das quais algumas delas se originaram, mas vieram a gozar de grande autoridade mais tarde e passaram quase por sagradas no mundo, e sucumbiram todas diante delas. Também lá é possível aprender grandes e úteis instruções de prudência, e ser advertido contra as trapaças e patifarias do mundo, com muitas mais vantagens, que aqui não enumerarei.

E basta com relação ao estudo.